现代职业教育汽车类专业精品教材

汽车美容与装饰

主　编　李吉海　梁　峰　陈俊松
副主编　王丽霞　梁　强　信建杰
参　编　颜同宇　肖　华　周　贺
　　　　刘　宁　苏晓楠　毕　然
　　　　陈　霞　于天宝　李猷可

机械工业出版社

"汽车美容与装饰"作为职业院校汽车类专业课程，以汽车后市场热点问题为依托，培养汽车服务领域技能型人才。本书主要包括汽车美容总体认知、汽车的清洁与护理、汽车漆面美容、汽车漆面修复性美容、汽车外装饰、汽车内装饰和汽车安全防护装置七个项目，详细介绍了车身清洁与护理、发动机清洁与护理、汽车漆面打蜡、汽车漆面研磨与抛光、汽车防爆太阳膜加装、汽车天窗加装、汽车导流板和扰流板装饰、汽车前照灯改装、汽车车轮改装、汽车底盘护甲加装、车身贴膜与彩贴、车身彩绘、汽车防盗装置安装、汽车行车记录仪安装等内容。

本书可以作为职业院校汽车改装课程的教学用书，也可以为汽车美容与维修从业人员和广大汽车美容与装饰爱好者提供参考。

图书在版编目（CIP）数据

汽车美容与装饰/李吉海，梁峰，陈俊松主编．—北京：机械工业出版社，2021.7（2024.8 重印）
现代职业教育汽车类专业精品教材
ISBN 978-7-111-67917-2

Ⅰ.①汽…　Ⅱ.①李…②梁…③陈…　Ⅲ.①汽车-车辆保养-高等职业教育-教材　Ⅳ.①U472

中国版本图书馆 CIP 数据核字（2021）第 060313 号

机械工业出版社（北京市百万庄大街 22 号　邮政编码 100037）
策划编辑：于志伟　责任编辑：于志伟
责任校对：樊钟英　封面设计：陈　沛
责任印制：常天培
固安县铭成印刷有限公司印刷
2024 年 8 月第 1 版第 4 次印刷
184mm×260mm · 14.5 印张 · 376 千字
标准书号：ISBN 978-7-111-67917-2
定价：55.00 元

电话服务　　　　　　　　网络服务
客服电话：010-88361066　　机　工　官　网：www.cmpbook.com
　　　　　010-88379833　　机　工　官　博：weibo.com/cmp1952
　　　　　010-68326294　　金　书　网：www.golden-book.com
封底无防伪标均为盗版　　　机工教育服务网：www.cmpedu.com

前　言

我国汽车产业高速发展，形成了多品种、全系列的各类整车和零部件生产及配套体系，产业集中度不断提高，产品技术水平明显提升，目前我国已经成为世界汽车生产和销售大国。人们在享受汽车带来的快速和便利的同时，开始追求时尚与品位，寻求汽车带来的更多乐趣，汽车美容与装饰行业便应运而生。

但是，由于我国汽车美容与装饰行业起步较晚，发展比较缓慢，目前尚处于初级发展阶段，因此汽车美容与装饰的整体技术水平与国外有着很大的差距。虽然汽车美容与装饰受到越来越多车主的认同，但是目前适合车主自己操作或想从事汽车美容与装饰行业所需要的参考书籍相对比较少。因此，编者组织有多年从业及教学经验的人员，根据汽车美容与装饰行业发展趋势，并结合我国美容与装饰专业领域技能型紧缺人才需求的实际情况，参考翻阅了大量国内外文献，整理并编写了本书。

全书共分为七个项目，避开了深奥的理论知识，从汽车美容与装饰实际需要出发，通过大量的图片和实际改装案例，循序渐进地介绍了每一个项目实施的具体方法和注意事项，以完成项目的工作步骤为主线，充分调动读者自主学习和实践的积极性。

本书由长春职业技术学院李吉海、梁峰和福建理工学校陈俊松任主编，由王丽霞、梁强、信建杰任副主编，颜同宇、肖华、周贺、刘宁、苏晓楠、毕然、陈霞、于天宝、李猷可参与编写。编者在编写本书过程中，参考了大量国内外相关著作和文献资料，在此一并向有关作者表示真诚的感谢。

由于编者经验和水平有限，本书在内容上难免有疏漏之处，敬请读者批评指正。

编　者

目　录

前言

项目一　汽车美容总体认知 1
　　任务　汽车美容与装饰认知 1

项目二　汽车的清洁与护理 7
　　任务一　车身清洁与护理 7
　　任务二　汽车发动机清洁与护理 13
　　任务三　汽车底盘清洁与护理 17
　　任务四　汽车内饰清洁与护理 22

项目三　汽车漆面美容 31
　　任务一　汽车漆面打蜡 31
　　任务二　汽车漆面研磨与抛光 35
　　任务三　汽车漆面封釉与镀膜 41

项目四　汽车漆面修复性美容 49
　　任务一　汽车漆面修复 49
　　任务二　常见漆膜缺陷及处理 58

项目五　汽车外装饰 67
　　任务一　汽车防爆太阳膜加装 67
　　任务二　汽车天窗加装 77
　　任务三　汽车导流板和扰流板装饰 84
　　任务四　汽车前照灯改装 91
　　任务五　汽车车轮改装 96
　　任务六　汽车底盘护甲加装 104
　　任务七　车身贴膜与彩贴 111
　　任务八　车身彩绘 119

项目六　汽车内装饰 124
　　任务一　汽车座椅改装 124

任务二　汽车音响改装 ··· 129
　　任务三　车内空气污染治理 ··· 135
　　任务四　汽车隔音处理 ··· 141

项目七　汽车安全防护装置 148
　　任务一　汽车防盗装置安装 ··· 148
　　任务二　倒车雷达安装 ··· 154
　　任务三　汽车行车记录仪安装 ··· 161

参考文献 167

汽车美容与装饰实训工单

项目一　汽车美容总体认知

任务　汽车美容与装饰认知

【任务导入】

随着我国经济的持续高速发展和人们消费观念的改变，汽车正以大众化消费品的姿态进入百姓生活。人们对自己的汽车也愈加呵护，因为汽车的款式、性能以及汽车的整洁程度，无一不体现出车主的性格、修养、生活观念以及个人喜好。车主们对自己的爱车关怀备至，希望它看起来干净漂亮，用起来安全舒适，汽车美容与装饰也就应运而生。换句话说，汽车美容是工业经济高速发展、消费观念进步以及汽车文化日益深入人心的必然产物。

【学习目标】

目标名称	目标内容
知识目标	1. 了解国内汽车美容发展现状
	2. 掌握汽车美容的定义
	3. 掌握汽车美容的功能
技能目标	1. 会正确分析汽车美容的层次
	2. 掌握汽车美容优劣的评价方法

【知识准备】

20世纪90年代初，汽车美容业在我国出现，但此时我国的汽车美容服务项目、内容及标准等都不规范。进入20世纪90年代中期，随着我国汽车工业的快速发展、汽车文化的日益深入，汽车美容已被越来越多的人所接受，并成为一种时尚。目前，我国汽车美容业迅速发展并已经存在很成熟的一些经营模式，近些年消费者的消费理念逐步成熟，国内汽车美容行业进入一个不断升级的阶段，由于汽车美容养护业的巨大市场不断吸引商家进入，从而推动了整个市场的前进。我国汽车美容行业已经走过了起步阶段，汽车美容项目出现多样化、高端化的趋势，因此，有企业推出"星级美容"的概念。汽车美容的高技术含量使今后汽车美容业发展得更加迅速，美容项目的更新、美容技术的不断升级已经成为很重要的课题。

按照加入世界贸易组织时的承诺，我国允许外资进入国内汽车服务贸易领域，于是国外的汽车美容服务连锁机构如雨后春笋般地在我国涌现，国外一些汽车美容公司纷纷将产品投放我国市场，在全国范围内办起了连锁店，并造就了一支汽车美容大军，从业人数逐年增加，汽车美容业呈现出一片繁荣的景象。

我国汽车美容市场虽大，但市场竞争仍十分激烈。据调查，目前汽车美容养护行业仍存在消费者认识不成熟、企业经营不规范、缺乏专业人才、行业缺标准等问题。

一、汽车美容的定义

"汽车美容"在国外被称为"Car Beauty"或"Car Care"，欧美等国的汽车美容业随着整个汽车产业的发展已经达到了非常完善的地步。他们形容这一行业为"汽车保姆"（Car Care Center），也称作"第四行业"。

汽车美容是指针对汽车各部位不同材质所需的保养条件采用不同性质的汽车美容护理用品及施工工艺，对汽车进行全新的保养护理。它不仅可使汽车焕然一新，保持艳丽的光彩，更能达到旧车变新、新车保值、延寿增益的功效。

汽车美容可以界定分为三个层面，详见表1-1。

1）最基本的一层是自理性保养。自理性是最简单的保养，基本上都是由车主自己完成。

2）第二层次是浅性服务。诸如太阳膜等的粘贴、大包围、防盗装置等的安装、内饰品（包括真皮座椅、桃木内饰等）的改装、漆面划痕处理、抛光翻新等一些主要汽车美容项目，需要依赖快修店。这种快修店一般只进行车辆内外的装备设施保养，而不涉及发动机等车辆中心结构的护理工作。

3）第三层次是专业服务。这是技术含量较高的服务种类，属于美容施工深度处理，也是整个汽车美容业最深入的层次。

表1-1 汽车美容层面

层 次	内 容
自理性保养	清洁、洗车、打蜡等
浅性服务	太阳膜等的粘贴、大包围、防盗装置等的安装、内饰品的改装、漆面划痕处理、抛光翻新等
专业服务	漆膜养护、发动机系统养护、电路系统养护等

二、汽车美容的功能

1. 能保持车体的完好与美观

汽车美容护理集清洁、打蜡、除尘、翻新及漆面处理于一身，可以及时清除车表尘土、酸雨、沥青等污染物，保持车表清洁，防止漆面及车身其他部件受到腐蚀和损害。汽车打蜡不但能给身以光彩亮丽的视觉效果，其防紫外线、防酸雨、抗高温及防静电功能还能给予车辆无微不至的"呵护"。车室美容在除尘和清洁的同时，施以特殊的工艺，进行必要的上光保护、翻新修补、杀菌及空气净化，使车辆得到更好的保护。

2. 能显露车主的品位与个性

汽车美容也是车主形象的映照，如同对现代个人的包装。人以整洁、得体和不同档次的服饰表征个人某些内在的意识、个性气质乃至生活观念和生活态度，而作为汽车的拥有者和使用者，汽车早已成为车主形象表征的重要组成部分，汽车美容可协助车主塑造一个全新的自我。

3. 能美化城市环境

随着我国国民经济的不断发展、科学技术的不断进步以及人们生活水平的不断提高，道路上行驶的各种颜色的汽车装扮着城市的各条街道，形成一条条亮丽的风景线，给人们以美的享受。

如果没有汽车美容，道路上行驶的汽车就会车身布满灰尘、漆面色彩单调、色泽暗淡，甚至锈迹斑斑，与美丽的城市形成极不协调的景象。因此，汽车美容对城市环境的美化起着重要作用。

三、汽车美容的类型

1. 车表美容

车表美容主要包括高压洗车，除锈，去除沥青、焦油等污物，上蜡增艳与镜面处理，新车开蜡，钢圈、轮胎、保险杠翻新与底盘防腐涂胶处理等项目。经常洗车可以清除车表尘土、酸雨和沥青等污染物，防止漆面及其他车身部件受到腐蚀和损害。适时打蜡不但能给车身带来光彩亮丽的效果，而且多功能的车蜡能够无微不至地呵护爱车，可以防紫外线、防酸雨、抗高温及防静电。

2. 内部美容

内部美容主要分为车内美容、发动机美容、行李舱清洁等内容。其中车内美容包括仪表台、顶棚、地毯、脚垫、座椅、座套、车门衬里的吸尘清洁保护，以及蒸汽杀菌、冷暖风口除臭、车内空气净化等项目。发动机美容则包括发动机冲洗清洁、喷上光保护剂、做翻新处理、三滤清洁（燃油滤清器、机油滤清器、空气滤清器）等项目。

3. 漆面美容

漆面处理服务项目可分为氧化膜处理、飞漆处理、酸雨处理、漆面划痕处理、漆面破损处理及整车喷漆。漆面处理不仅能使爱车永葆"青春"，还能复原车表面的划痕及破损，更好地保护车身，使汽车保值。

4. 汽车安全防护

汽车防护的项目包括贴防爆太阳膜、安装防盗器、安装静电放电器、安装倒车雷达、安装行车记录仪等。汽车防护虽然对汽车的美观不产生直接影响，但却能很好地呵护爱车。

5. 汽车精品

汽车精品是汽车美容的点睛之处，也是一种汽车生活文化的体现，如车用香水、蜡掸、护目镜、把套、坐垫等。

四、汽车美容装饰项目

1. 汽车美容项目

（1）新车出厂漆面处理 新车漆膜经过高温烘烤，在漆膜干燥过程中经过聚合和二次流平，漆膜干固后具有镜面光泽，并且膜质坚硬、性能好、抗氧化、抗腐蚀能力强，性能稳定，色彩纯正。新车下线之前必须对漆面进行保护处理，目前只有一少部分车在全车涂上保护蜡，这种车在出售后必须使用专业的开蜡水对车漆做开蜡处理后方能投入使用；而大部分新车在下线后粘贴保护膜，这类车无须开蜡处理。

（2）汽车清洗 为了使汽车保持干净、整洁的外观，应定期或不定期地对汽车进行清洗。汽车清洗是汽车美容的首要环节，它既是一项基础性的工作，也是一种经常性的护理作业。按汽车部位的不同，清洗作业可分为车身外表面清洗、内室清洗和行走部分清洗。

对车身漆面的清洗可分为不脱蜡清洗和脱蜡清洗两种。不脱蜡清洗是指车身表面有蜡，但是不想把它去掉，只是洗掉灰尘、污迹。清洗的方法主要是通过清水和普通清洗剂，采用人工或机械清洗。脱蜡清洗是一种除掉车漆表面原有车蜡的清洗作业。有些汽车原先打过蜡，现在需要重新打蜡上光，在这种情况下，必须在洗车的同时将原车蜡除净，然后打新蜡。脱蜡洗车使用脱蜡清洗剂，该清洗剂可有效地去除车蜡。用脱蜡清洗剂洗完之后，需用清水将车身表面冲洗干净。

（3）漆面研磨 漆面研磨是去除漆膜表面氧化层、轻微划痕等缺陷所进行的作业。该作业虽具有修复美容的性质,但由于所修复的缺陷非常轻微,只要配合其他护理作业便可消除缺陷,所以把它列为护理美容的范围。漆面研磨与后面的抛光、还原是三道连续作业的工序,研磨是漆面轻微缺陷修复的第一道工序。漆面研磨需使用专用研磨剂,通过研磨机/抛光机进行作业。

(4) 漆面抛光　漆面抛光是紧接着研磨的第二道工序。车漆表面经研磨后会留下细微的研磨痕迹,漆面抛光就是去除这些痕迹所进行的护理作业。漆面抛光需使用专用抛光剂,通过研磨机/抛光机进行作业。

(5) 漆面还原　漆面还原是研磨、抛光之后的第三道工序,它是通过还原剂将车漆表面还原到"新车"般的状况。还原剂也称为"密封剂",它对车漆起密封作用,以避免空气中污染物直接侵蚀车漆。还原剂有两种,一种称作还原剂,另一种称作增光剂。增光剂在还原作用的基础上还有增亮的作用。

(6) 打蜡　打蜡是在车漆表面涂上一层蜡质保护层,并将蜡抛出光泽的护理作业。打蜡的目的:一是改善车身表面的光亮程度,增添亮丽的光彩;二是防止腐蚀性物质的侵蚀,对车漆进行保护;三是消除或减小静电影响,使车身保持整洁;四是降低紫外线和高温对车漆的侵害,防止和减缓漆膜老化。汽车打蜡可通过人工或打蜡机进行作业。

(7) 汽车封釉　汽车封釉指经过多道工序处理以后,在车漆表面形成一层类似"唐三彩"等陶器制品外表涂层的保护膜,具有隔紫外线、防氧化、抵御高温和酸雨的功能。

(8) 汽车镀膜　汽车镀膜技术是世界上最新一代的车漆保护技术。真正的汽车镀膜应该是无机镀膜,也就是永远不会氧化的水晶玻璃镀膜。只有无机镀膜,才是覆盖在汽车表面的镀膜层,不会被紫外线、酸雨等外界因素氧化而消失掉。通常车辆每隔1年左右建议做一次汽车漆面镀膜。

(9) 内室护理　汽车内室护理是对汽车控制台、操纵件、座椅、座套、顶棚、地毯和脚垫等部件进行的清洁、上光等美容作业,还包括对汽车内室定期进行杀菌、除臭等净化空气作业。汽车内室部件种类很多,外层面料也各不相同,在护理中应分别使用不同的专用护理用品,确保护理质量。

(10) 漆膜病态处理　漆膜病态是指漆膜质量与规定的技术指标相比所存在的缺陷。漆膜病态有上百种,按病态产生时机理的不同,可分为涂装中出现的病态和使用中出现的病态两大类。对于不同的漆膜病态,应分析原因并采取有效措施积极防治。

(11) 漆面划痕处理　漆面划痕是因刮擦、碰撞等原因造成的漆膜损伤。当漆面出现划痕时,应根据划痕的深浅程度采取不同的工艺进行修复处理。

(12) 漆面斑点处理　漆面斑点是指漆面接触了柏油、飞漆、焦油和鸟粪等污物,在漆面上留下的污迹。对斑点的处理应根据斑点在漆膜中渗透的深度不同,采取不同的工艺。

(13) 汽车涂层局部修补　汽车涂层局部修补是指当汽车漆面出现局部失光、变色、粉化、起泡、龟裂和脱落等严重老化现象,或因交通事故导致涂层局部破损时,所进行的局部修补涂装作业。汽车涂层局部修补虽作业面积较小,但要使修补漆面与原漆面的漆膜外观、光泽和颜色达到基本一致,需要操作人员具有丰富的经验和高超的技术水平。

(14) 汽车涂层整体翻修　汽车涂层整体翻修是当全车漆膜出现严重老化时所进行的全车翻新涂装作业,其作业内容主要有清除旧漆膜、金属表面除锈、底漆和原子灰施工、面漆喷涂、补漆修饰及抛光上蜡等。

2. 汽车装饰项目

汽车装饰是指通过增加一些附属的物品,提高汽车表面和内室的美观性。其中,所增加的附属物品称作装饰品。根据汽车被装饰的部位分类,汽车装饰可分为汽车外部装饰和汽车内部装饰。

(1) 汽车外部装饰　汽车外部装饰主要是对汽车顶盖、车窗、车身周围及车轮等部位进行装饰,其主要项目有:

① 粘贴汽车防爆太阳膜。
② 汽车漆面的特种喷涂装饰。
③ 彩条及保护膜装饰。
④ 前阻风板和后翼子板装饰。
⑤ 车顶开天窗装饰。
⑥ 汽车风窗装饰。
⑦ 车身大包围装饰。
⑧ 车身局部装饰。
⑨ 车轮装饰。
⑩ 底盘喷塑保护装饰。
（2）汽车内部装饰　汽车内部装饰主要是对汽车驾驶室进行装饰，其主要项目有：
① 汽车顶棚内衬装饰。
② 侧门内护板和门内护板的装饰。
③ 仪表板的装饰。
④ 座椅的装饰。
⑤ 地板的装饰。
⑥ 汽车音响的改装。
⑦ 汽车隔音工程。
⑧ 内室精品装饰。
（3）汽车安全防护　汽车安全防护主要是对汽车安全防护方面进行加装，其主要项目有：
① 汽车防盗装置。
② 倒车雷达。
③ 行车记录仪。

【任务实施】

认识汽车美容与装饰所需设备与工具

场地、设备、工具和材料准备

汽车美容与装饰的场地、设备、工具和材料见表1-2。

表1-2　汽车美容与装饰场地、设备、工具

序号	场地、设备、工具	图例
1	美容与装饰场地	

（续）

序号	场地、设备、工具	图　例
2	美容与装饰设备	
3	美容与装饰工具	

项目二　汽车的清洁与护理

任务一　车身清洁与护理

【任务导入】

汽车作为人们日常生活中的交通工具，行驶在不同的环境中。即使车身漆面质量再好，经过长时间的风化、酸雨侵蚀、太阳的强光照射，如果未能及时护理，也容易使车身漆面褪色，失去光泽，形成氧化层。车辆在行驶过程中，由于摩擦而产生强烈的静电层对灰尘和油污的吸附能力很强，时间久了就会形成一层坚硬的交通膜薄膜，使原来亮丽的车身变得暗淡无光。此外，汽车在行驶时容易粘上灰尘、泥土、焦油和沥青等污物，尤其是在下雨天，底盘部位很容易粘上泥水，如果不及时清洁护理，容易形成锈渍，影响汽车的行驶性能。因此，汽车要定期进行车身表面清洗。

【学习目标】

目标名称	目标内容
知识目标	1. 了解车身清洗的定义和作用
	2. 了解汽车清洗的种类和特点
	3. 掌握汽车清洗剂的作用和除垢机理
	4. 熟悉汽车清洗剂的分类
技能目标	1. 会正确选用汽车清洗方法
	2. 能够正确选用汽车清洗剂的种类
	3. 能够正确完成汽车清洗流程

【知识准备】

一、洗车的定义和作用

1. 汽车清洗的定义

汽车清洗是采用专门设备和清洗剂，对汽车车身及其附属部件进行清洁处理，使车辆保持或再现现有风采的最基本美容工序。

2. 汽车清洗的作用

汽车清洗是采用净水和清洗剂，通过专用设备和工具，对汽车车身、内室等部位进行的清洁处理，作用如下：

1）保持汽车外观整洁。汽车在行驶中经常置于飞扬的尘土中，雨雪天气有时还要在泥泞的道路上行驶，车身外表难免粘上泥土，影响汽车的外观整洁。为了使汽车外观保持清洁亮丽，必须经常对汽车进行清洗。

2）清除大气污染的侵害。大气中有多种能对车身表面产生危害的污染物，尤其是酸雨的危害性最大，它附着于车身表面会使漆面形成有色斑点，如不及时清洗还会造成漆层老化。轻微的酸雨可用专用去酸雨材料清除，严重的酸雨需使用专业的设备和清洗剂才能彻底清除。为此，车主应定期将汽车送到专业汽车美容店进行清洗。

3）清除车身表面顽渍。车身表面黏附树胶、鸟粪、虫尸、焦油和沥青等顽渍，若不及时清除就会腐蚀漆层，给护理增加难度。为此，车主要经常检查车身表面，一旦发现具有腐蚀性的顽渍应尽快清除；如已经腐蚀漆层，必须到专业汽车美容店进行处理。

二、洗车的种类

1. 人工洗车

人工洗车是指清洗汽车时的全部工序都由人工进行操作，不使用任何清洗机器和设备，如图2-1所示。

2. 机器洗车

机器洗车是指用一些专用的设备和清洗剂对汽车进行清洁的洗车方式，如图2-2所示，目前的洗车店面大多是这种模式。

图2-1 人工洗车

图2-2 机器洗车

3. 电脑洗车

电脑洗车是指每道工序都采用全自动的专用设备对汽车进行外表清洁，最后由人工完成角落遗留水分的去除，如图2-3所示。

图2-3 电脑洗车

项目二　汽车的清洁与护理

三、汽车清洗剂

汽车清洗剂主要是由表面活性剂、杀菌剂、抛光剂、进口渗透剂以及独特光亮因子等环保高科技技术配制而成的液体瓷砖清洁剂，具有强力的除污力以及渗透力、杀菌力和抛光光亮性等特性。能迅速清洁汽车玻璃表面、挡板和车体等。汽车清洗剂能除去汽车玻璃表面粘贴的各种胶纸、标贴，并能除去车轮周围、挡泥板、保险杠、车体及各种工具上的油污。汽车清洗剂使用后还可形成薄膜，以保护车漆。

1. 清洗剂在洗车中的作用

（1）实现快速高效清洗　清洗剂去污能力强，可大大提高清洗速度，并可将清洗与护理合二为一，减少美容工序，提高工作效率。

（2）确保清洗质量　用清洗剂不仅可以彻底地清除各种污渍，而且还不损伤漆面，对车身表面具有很好的保护作用。

（3）节省清洗费用　用清洗剂清洗油垢，可减少溶剂油消耗，1kg 清洗剂大约可代替 30kg 溶剂油，降低清洗费用 90% 左右。

（4）有利于保护环境　采用环保型清洗剂清洗汽车，可减少对环境的污染。因此，应尽量使用清洗剂清洗汽车，以确保汽车的清洗质量。

2. 清洗剂的成分

（1）表面活性物质　表面活性物质也称为表面活性剂或界面活性剂，是一类能显著降低液体表面张力的物质，是清洗剂中不可缺少的成分。汽车清洗剂中的表面活忹物质主要是软肥皂和合成清洗剂。

（2）水玻璃　水玻璃在清洗剂中的主要作用是使溶液的 pH 值几乎不变。在清洗过程中，酸性污垢必定耗用碱盐，水玻璃维持溶液碱性的缓冲效果约为其他碱盐的 2 倍，因此能降低清洗剂的消耗。水玻璃具有很好的悬浮能力，或稳定悬浮系统的能力。这一能力是水玻璃和活性物质同时使用时能提高去污能力的重要原因。

（3）磷酸盐　在清洗剂配方中，以缩合磷酸盐最重要。磷酸三钠又称为正磷酸钠，其 1% 溶液在室温时的 pH 值为 12，由于其碱性太强，在清洗剂中用料不能太多。在配方中，磷酸盐能增加清洗剂溶液的润湿能力，有一定的乳化能力，但其主要起软水作用。

（4）碱性物质　附着在金属表面的油脂大体上可分为动、植物油脂和矿物油脂两大类。前者是脂肪，与苛性钠一起被加热时会发生皂化反应，结果生成肥皂和甘油，这些产物都溶于水。此时，生成的碱皂是极性分子，极性端被水所吸引，非极性端被油所吸引。因此溶剂的表面张力降低，油和溶液完全接触，溶液可以渗透到油的内部。油脂膨胀并被溶液润湿，从而使其与金属间的附着力减小，最后发生乳化变成微小的颗粒而分散在溶液中。

（5）溶剂　溶剂是表面清洗剂的主体，它连同表面活性剂等添加剂一起对污垢起化学反应，达到清洗、除垢的目的。溶剂主要有水基溶剂和油基溶剂两种，水基溶剂主要是水，油基溶剂主要有汽油、煤油和松节油等。

（6）摩擦剂　摩擦剂是增加与清洗表面接触、摩擦的物质，如硅藻土等。

3. 清洗剂的除垢机理

清洗剂除垢包括润湿、吸附、溶解、悬浮和去污五个过程。

（1）润湿　由于清洗剂溶液对汽车表面上污垢质点有很强的润湿力，使被清洗物的表面很容易被清洗剂溶液润湿，并促使它们之间有充分的接触。清洗剂溶液不仅能润湿污垢质点表面，而且能深入污垢聚集体的细小空隙中，使污垢与被清洗表面结合力减弱、松动。

（2）吸附　清洗汽车外表面时，既有物理吸附（分子间相互吸引），又有化学吸附（类似化学键的相互吸引）。清洗剂溶液中的电解质形成的无机离子吸附在污垢质点上，能改变对污垢质点的静电吸引力，并可防止污垢再沉积。

（3）溶解　使污垢溶解在清洗剂溶液中。

（4）悬浮　清洗剂溶液中的表面活性物质能在污垢质点表面形成定向排列的分子层，使污垢质点和周围的水溶液牢固地联结在一起，使憎水性污垢具有亲水性质，表面上的污垢脱落后悬浮于清洗剂中，这样进一步增加了去污作用。

（5）去污　用高压水枪将污垢冲掉。通过这种润湿—吸附—溶解—悬浮—去污的过程，不断循环，或综合起作用，便可将汽车表面上的污垢清除掉。

4. 汽车清洗剂的分类

根据清洗种类、功能及特点，清洗剂可分为以下几种：

（1）水性清洗剂　水性清洗剂主要清除水性污垢，具有较强的浸润和溶解能力，且不含有碱性，不仅能有效地清除一般污垢，而且对汽车车漆面有光泽保护作用。水性清洗剂要按一定的比例和水混合使用，在冷车的情况下洒在车身表面泡 3~4min，能有效地溶解水性污垢，再冲洗车身，既能轻松地去除污垢，又不伤车漆，省时省力。

（2）有机清洗剂　对于一些不溶于水的污垢应采用有机清洗剂进行清洗。有机清洗剂主要用于去除车身表面的油脂或沥青污垢。在使用过程中，要注意的是，应避免有机清洗剂喷触到塑料、橡胶等部件，因为有机清洗剂含有汽油或煤油等成分，会腐蚀塑料和橡胶。同时也要注意避免在明火附近使用，应在通风良好的地方使用。

防爆性是涉及汽车安全的一项重要性能指标。优质防爆膜本身具有很强的韧性，膜上的强力胶能将破碎的玻璃紧紧地粘在一起，能避免事故发生时飞溅的玻璃碎片对乘客产生二次伤害。防爆膜的防爆性使其抗冲击性能很强。

（3）油脂清洗剂　油脂清洗剂又称为去油剂，具有极强的去油功能，主要用于清洗发动机、制动系统以及轮毂等油污较重的部位。目前市场上用到的油脂清洗剂有以下三类：

1）水质油脂清洗剂：该产品具有安全、无害和成本低等优点。缺点就是去油功能有限，如图2-4所示。

2）石化型油脂清洗剂：该产品具有去油能力强、成本低等优点。缺点是易燃、有害。

3）天然型油脂清洗剂：该产品不仅去油功能强，而且无害，但成本高，如图2-5所示。

图2-4　水质去油剂

图2-5　天然型去油剂

项目二 汽车的清洁与护理　　11

【任务实施】

汽车车身清洗

一、场地、设备、工具和材料准备

洗车场地、设备和工具见表2-1。

表 2-1　洗车场地、设备和工具

序号	场地、设备、工具	图　例
1	洗车场地	
2	洗车工具	
3	清洁用品	
4	压缩空气枪	

二、任务实施步骤及要求

汽车清洗步骤见表2-2。

表2-2 汽车清洗步骤

步骤	操作内容	操作示意图	技 术 要 求
1	冲车		首先调整水枪的压力，不大于7个压强，冲车时从车顶向下冲洗
2	擦洗		准备好擦洗工具。将泡沫均匀地覆盖到车漆表面。然后均匀喷洒于车身表面，按照从上到下的顺序擦洗车身
3	冲洗		擦洗完毕之后，开始冲洗车身，顺序同冲车一样，但这时应以车顶、上部和中部为重点，向下流动的水基本能够将下部及底部冲洗干净，所以下部和底部一带而过即可
4	擦车		用半湿性大毛巾将整个车身从前至后先预擦一遍，待车身中部及下部大部分水分被吸干之后，用干毛巾细擦一遍，要求擦干所留下的水痕
5	吹干		对于擦车时不容易擦干的地方，用压缩空气来进行吹干，操作时可一手拿着压缩空气枪，另一手拿着干净抹布，边吹边抹，直到吹干为止

项目二 汽车的清洁与护理　　13

 汽车发动机清洁与护理

【任务导入】

由于汽车行驶环境复杂，而发动机舱不是密封的，汽车在行驶过程中卷起的沙砾尘土会从发动机舱下部钻入，飞落于发动机表面，加之发动机长时间在高温下工作，有时还有漏油等现象发生，如果长时间不对发动机外部进行清洁护理，就会使发动机表面形成厚厚的油泥性腐蚀物。时间一长，这些腐蚀物将渗透于发动机表面各部件，造成金属部件生锈、塑料部件老化和变形等问题。所以，发动机外部护理在汽车美容护理中是非常重要、不可缺少的服务项目。

【学习目标】

目标名称	目标内容
知识目标	1. 了解发动机外部清洗剂的分类
	2. 了解汽车发动机缸内积炭形成原因
	3. 掌握汽车发动机舱清洗方法
	4. 熟悉汽车发动机缸内积炭清理办法
技能目标	1. 会正确使用发动机舱的清洁剂
	2. 掌握发动机积炭的清除方法
	3. 能够正确选用发动机积炭清除方法

【知识准备】

一、发动机舱的清洁护理

1. 发动机外部清洗剂

发动机外部油污较重，需用油脂清洗剂进行清洗，此类清洗剂大多称为去油剂，也称为发动机外部清洗剂。发动机外部清洗剂一般呈碱性，能快速乳化分解去除油污，对机体没有腐蚀作用，且水溶性好，可以完全生物溶解，易用水冲洗，不留残留物，而且具有极强的去油功能。

2. 清洗发动机舱的注意事项

1）清洗发动机表面时，应在刷洗掉的污物未被风干前快速将其冲净，否则应使用半湿性毛巾配合施工。

2）清洁发动机表面的金属部件时，可使用金属抛光剂或漆面研磨剂进行清洁，但塑料或橡胶部件则不允许使用此方法。

3）清洗后的发动机应在起动前将电路系统彻底风干。

4）发动机在上光镀膜之前，应将非原装电路重新包裹，然后进行上光护理。

5）清洗后的发动机表面应在上光镀膜之前将水分完全清除，如果在潮湿的部件表面上光镀膜，待保护剂下的水分挥发后，保护剂也会随之挥发。

6）施工完毕后，应对发动机外表进行检验，并对遗漏的地方采取补救措施。

二、发动机缸内清洁

1. 积炭的形成

积炭是发动机在工作过程中,机油和燃油中不饱和烯烃和胶质在高温状态下不完全燃烧产生的残留物,没有及时随尾气排出而堆积在系统内的各个位置,从而形成一种黑色的焦着状的物质,称为"积炭",如图 2-6 所示。

如果从图 2-7 上看,积炭根本就不像我们熟知的"碳",实际上发动机积炭看起来像一层海绵,具有吸油特性,会让燃烧不完全的汽油再变积炭,一层一层地堆积,越变越厚,以致恶性循环,严重的甚至会将进气门堵塞一半。发动机如果积炭严重会改变发动机原本的结构参数,降低发动机功率,增大油耗;严重时还会引起发动机爆燃、加速异响、对活塞及曲轴造成损害,甚至最终可导致发动机烧机油需要大修的情况。

图 2-6 发动机积炭

图 2-7 发动机内部积炭

2. 积炭的清理

清理汽车积炭有以下几种方法:

1)汽车打吊瓶。如图 2-8 所示,在发动机上方吊一个瓶状工具,然后把清洗剂倒入瓶装工具里,通过导管导入发动机内部,达到清洁积炭的目的。如果发动机积炭严重,采用这种方式会导致三元催化系统堵塞或者损坏。

2)机洗。如图 2-9 所示,把清洗剂注入一个机器里,然后用机器加压碰到燃烧室,让清洗剂与积炭进行反应溶解,再把废液抽出来。这种做法对于

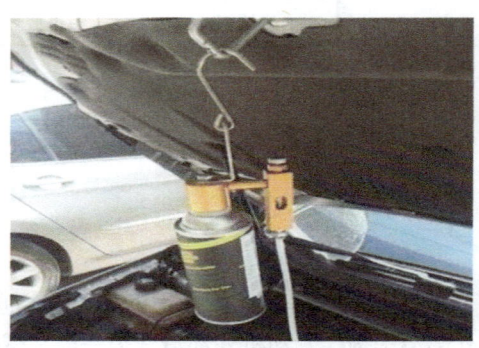

图 2-8 汽车打吊瓶

图 2-9 机洗

项目二 汽车的清洁与护理   15

一些严重积炭有比较好的效果，而且还不用拆解发动机，不过费用较高，清洗之后还需要更换机油。

3）发动机拆洗。这种方法应该是最有效果的，如图2-10所示，直接把整个发动机拆下来，使用清洗剂、超声波等方式完全、彻底地清除零部件上的积炭。不过可以看到，发动机拆洗需要大量时间和精力。

图 2-10　发动机拆洗

汽车发动机舱清洗

一、场地、设备、工具和材料准备

汽车发动机舱清洗场地、设备和工具见表2-3。

表 2-3　汽车发动机舱清洗场地设备和工具

序号	场地、设备、工具	图　例
1	清洁工具和材料	空气压缩机、高压洗车机、毛巾、海绵和毛刷、发动机外部清洗剂
2	清洗工具	
3	清洁用品	

二、任务实施步骤及要求

发动机外部清洁步骤见表2-4。

表 2-4　发动机外部清洁步骤

步骤	操作内容	操作示意图	技术要求
1	防水准备		打开发动机舱盖，将发电机、分电器、制动油壶等用塑料薄膜包裹起来。以免清洁作业时沾上水渍，造成电器损伤
2	清洁		摇晃发动机外部清洗剂使其混合均匀，然后将发动机外部清洗剂喷涂到整个发动机舱及发动机外部各部件总成处，停留 3～5min，以使污垢尽可能被吸附到泡沫中。细小部位需使用刷子刷，使脏物浮起
3	冲洗		当清洗剂的泡沫开始消失时，用高压洗车机或喷水枪仔细冲洗。清洗时应使用散射水柱进行冲洗，务必彻底冲洗使清洗剂不残留
4	擦干		用专用洗车毛巾擦干发动机舱内的所有零部件
5	喷洒上光剂		当各部件彻底干燥之后，喷洒发动机外部上光剂，喷洒上光剂的时候，一定要等各部件彻底干燥之后

项目二　汽车的清洁与护理　　17

 任务三　汽车底盘清洁与护理

汽车底盘由于其部位特殊，工作条件最为恶劣。夏季地表热气烘烤、雨水侵袭，秋季路面上沙石飞起撞击，车底挡泥板及车身边缘的弯曲部位泥污、脏物极易堆积，堆积附着物的水分又不易蒸发，时间稍长不易清理，再加上冬季雪后除雪剂的腐蚀，使涂在底盘表面的防锈层损坏，失去防腐能力。特别是沿海地区，由于长期受到盐碱的侵蚀，锈蚀非常严重。

为了解决这一问题，需要对底盘进行特殊的处理。以往简单的防锈处理是对底盘部分的清洁护理，汽车在行驶过程中，汽车底盘部分由于与路面距离最近，工作环境比较恶劣，经常会粘有尘土。

目标名称	目标内容
知识目标	1. 了解车身底板清洁护理的目的
	2. 了解汽车制动系统清洁护理的方法
	3. 掌握汽车底盘封塑的作用
	4. 熟悉汽车底盘封塑的工艺
技能目标	1. 会正确进行汽车底板的清理
	2. 掌握底盘装甲材料种类的选择
	3. 能够正确进行规范汽车底盘封塑作业

一、车身底板的清洁护理

车身底板位置比较特殊，护理的好坏一般不容易发现，因此往往被人忽视，而且底板朝着行驶路面，行驶时不可避免地容易粘上泥水、焦油和沥青等污物，此外还有因护理不及时而产生的锈渍、锈斑等。对于泥土、焦油和沥青等可用发动机清洗剂或除油剂清洗，对于锈渍和锈斑等可用除锈剂进行擦洗。清洗完成后，用多功能防锈剂喷涂在底盘上即可。

1. 转向系统的清洁护理

转向系统的转向横拉杆、齿条壳和转向节臂等部件位于车底，汽车行驶时比较容易脏污，如果不及时清洗，时间长了就会生锈。一般的污渍可用多功能清洗剂进行清洗，如果发现有锈斑，那么就必须用除锈剂进行擦洗。清洗后可喷多功能防锈剂进行护理。此外，还可以在转向助力储液罐中添加转向助力调节密封剂，可以恢复老化橡胶油封的密封性，防上转向液的渗漏，消除因漏液而造成的转向迟钝和转向沉重等现象，还能清洁并润滑助力转向系统内部机件，防止胶质和油泥的产生，减少机件磨损，延长其使用寿命。

2. 传动系统的清洁护理

传动系统的变速器、传动轴、主减速器壳体和半轴套管等部件也是容易粘上泥土的部件，时间长了没有清洗也会生锈，一般可用多功能清洗剂进行清洗。

3. 制动系统的清洁护理

在行车制动器中，由于其工作情况特殊，制动蹄片有可能会粘上油泥、制动液、烧蚀物和胶质等污物，容易产生制动噪声，影响制动性能，因此也必须定期进行清洁护理。可选专用的制动系统清洗剂进行喷洒清洁，能有效地清除制动蹄片上的污物，改善制动效能，消除制动噪声。使用时，只要将清洗剂喷在需要清洁的部位，使之风干即可。如有必要，可重复清洁。

4. 轮毂的清洁护理

现代汽车一般多使用铝合金轮毂，而汽车行驶时轮毂是比较容易脏污的部件。清洗轮毂时必须特别小心，其表面有保护漆，通常应选用中性清洁剂。清洗时，应一次清洗一个轮毂，可避免清洗剂在轮毂表面凝固。若清洗剂凝固，则清洁效果将降低，且在使用清水冲洗时将更加困难。对于一般的灰尘污物，可用普通的清洗剂进行清洗，而长期附着在轮毂上的积垢，如沥青和制动摩擦片磨损留下的黑粉等，使用普通的清洗剂一般很难清除，可使用强力轮毂去污剂进行清洁。清洗时，先喷上强力轮毂去污剂，稍等片刻，然后用软毛刷进行刷洗清除。刷洗时切勿使用过硬的刷子，否则将会刮伤轮毂表面的漆面。轮毂清洗后，使用专用防护剂进行护理，一般每两个星期应彻底清洗轮毂上的污物。

5. 轮胎的清洁护理

轮胎上除了粘有灰尘、泥土和砂石外，还有一些酸、碱性物质污染。清洗时，可先将夹在轮胎花纹上的砂石清除，再用高压水冲刷上面的灰尘和泥土，对于一些酸碱类物质一般用水难以清除，而普通清洗剂也没有很好的清洗效果。这时，可用轮胎清洁增黑剂来清除护理。它能清除轮胎上的酸、碱性污染物和其他有害物质，还可以具有清洁与翻新橡胶、塑料和皮革制品等作用。此外，还有助于降低紫外线的辐射，减缓橡胶老化，延长其使用寿命，同时兼具增黑上光功能，用后能使轮胎光亮如新。使用时，将轮胎清洁增黑剂刷在轮胎的表面即可。

二、汽车底盘封塑与装甲

1. 底盘封塑的作用

底盘封塑的作用如下：

1）防振：发动机、车轮均固定在汽车底板上，它们的振动在某一频率上会与底板产生共鸣，使人产生不舒适的感觉，底部防护会消除这种共鸣。

2）底盘防腐蚀：汽车的锈蚀均从底板开始，尤其南方地区多潮湿天气，再加上洗车污水会残留在底部，长久下去就会形成潜在的腐蚀因素。

3）隔声降噪：车辆行驶在快速路上，车轮与路面的摩擦声与速度成正比，车辆具有完好的底部防护，能大大减小车内的噪声。

4）防石击：车辆在行驶的过程中，会溅起小石子，石子冲击底板的力量与车速成正比，一般10g的小石子在时速达80km时，冲击力会达到自身重量的30000倍，足以击破30μm以下的漆膜，漆膜一旦被击破，锈蚀便从疵点开始并从铁板内部缓慢扩大。汽车底部封塑后，即使砾石以300kg的力冲击都不能击破它。

5）省维修成本，汽车保值：因为底盘支承着汽车四大系统，保护底盘等于保护了上面的各个系统，节省了为此而产生的一系列维修费用。

6）隔热省油：进入夏季，打开车内空调冷气向下沉，而车外的地面热气向上升，冷热空气大多集中在车辆的地板上进行交换，车辆底部防护效果如何，直接决定着车辆制冷能量利用的效果如何，汽车底部封塑后，其膜内的蜂窝状组织吸音因子将冷热彻底隔离。

7）防拖底：底部养护材料的厚度可达 1.5~2.5mm，当底部被路面凸起刮蹭时，将减轻对底盘的伤害；特别是在高速公路上时，路面摩擦很大，声音听起来也很吵，底盘使噪声变得很小，而且暖风由于隔热效果好，即使关闭暖风仍能在较长时间保持温度。

2. 汽车底部锈蚀原因

汽车底部锈蚀的原因如下：
1）汽车在公路上行驶时，底盘钣金的意外刮伤、路面沙石对底盘的高速撞击。
2）空气中的水分对底盘钣金的腐蚀（如潮湿地带和梅雨季节、地下停车场）。
3）高寒地区冬季在公路上撒盐防滑时，盐分对底盘钣金的腐蚀。
4）沿海地区海水盐分对底盘钣金的腐蚀。
5）酸雨对底盘钣金的腐蚀。

三、底盘封塑与装甲的区别

底盘封塑是车底盘上喷涂一层主要成分为聚酯的保护材料，底盘装甲是车底盘上喷涂一层主要成分为橡胶和聚酯混合配方的保护材料。底盘封塑与底盘装甲有以下不同点：

（1）功能不同　底盘封塑的功能是保护汽车底盘裸露钢板防止砾石击打，且可防止腐蚀；底盘装甲除具有封塑的两项功能外，还有显著的隔声降噪作用，因为装甲后在底盘上形成将近 0.5cm 厚的橡胶和聚酯材料混合涂层。这种涂层具有高弹性，有效减小了砾石直接打在金属上发出的噪声。

（2）物理成分与施工厚度不同　底盘封塑涂层的主要成分是聚酯材料，施工厚度为 2mm；底盘装甲涂层的主要成分是橡胶和聚酯材料混合配方，施工厚度为 3mm，局部为 4~5mm。

四、底盘装甲材料的种类及选择

底盘装甲材料有含沥青成分的底盘防锈胶、油性（溶剂型）底盘防锈胶和水溶性底盘防锈胶三种。

1）含沥青成分的底盘防锈胶。这是第一代的底盘装甲产品，目前市场上已经淘汰。
2）油性（溶剂型）底盘防锈胶。这是第二代底盘装甲产品，其中的稀释剂多为甲苯，对人体有害的剧毒成分；施工后形成的胶层很硬，容易开裂，隔声效果一般。
3）水溶性底盘防锈胶。水溶性底盘防锈胶又称为环保型底盘防锈胶，现在欧美国家大多选用这类产品。水溶性底盘防锈胶附着力强、胶层弹性较好，底盘隔声效果显著，是做底盘装甲的首选材料。

五、底盘封塑技术规范与要求

1）车辆进入施工区后，用举升机推升到一定高度。
2）用高压气枪进行污渍冲洗，彻底清洗干净，如果旧车有锈皮的，则要铲除。
3）对车底特殊的部位进行遮蔽。
4）施工工艺：采用各组分材料多层喷涂覆盖的方法，使具有防锈防水、弹性耐磨等不同特性的各组分材料恰当地分布在各层面上，提高了防护结构的合理性和耐久性。
5）施工人员进行喷涂施工，可以多次进行，也可以一次喷涂。一次喷涂省事但固化慢，实际效果相同；多次喷涂相对费事但固化比较快。需要注意的是：两次喷涂要间隔 20min 左右，待第一层喷涂干燥之后再进行第二次喷涂。

6）施工完成后，等待约 1h，喷涂面表干（即表面已经不粘手了）才能把车辆开走。新车喷涂由于底盘比较干净，时间短一些；而旧车清洁起来较费时，需要 3h 左右。

【任务实施】

汽车底盘封塑

一、场地、设备、工具和材料准备

底盘封塑场地、设备和工具见表 2-5。

表 2-5　底盘封塑场地、设备和工具

序号	场地、设备、工具	图　　例
1	底盘封塑场地	
2	底盘封塑工具	
3	底盘封塑材料	

二、任务实施步骤及要求

底盘封塑步骤见表 2-6。

项目二　汽车的清洁与护理

表 2-6　底盘封塑步骤

步骤	操作内容	操作示意图	技术要求
1	清洗		清洁底盘，去除油污、泥沙，新车底盘除锈蜡，然后吹干底盘表面
2	去除浮锈		检查底盘锈蚀情况，表面浮锈用铁刷去除
3	遮蔽		对制动盘、排气管、避振弹簧、发动机油底壳、变速器、传感器等部位进行遮蔽，防止被喷涂到
4	喷涂		喷涂前，充分摇晃均匀。距离底盘 30cm 处，以"+"字喷涂法均匀喷涂三遍以上，每层喷涂间隔 5~10min 再喷涂下一层
5	干燥时间		喷涂完成等待至少 2h 才可以开动汽车，完全干燥至少需要 2~3 天

任务四 汽车内饰清洁与护理

【任务导入】

汽车养护不仅停留在车身的清洁养护上，汽车内部的清洁和护理也非常重要。通过对室内除尘、杀菌、除臭使车室空间保持清新和整洁，给驾乘人员营造一个温馨、美观的乘坐环境，从而有更好的用车体验。另外，使用专门的汽车内饰保护品，对塑料件、真皮及纤维品进行清洁上光保护，可延长内饰件的使用寿命。

【学习目标】

目标名称	目标内容
知识目标	1. 了解车窗贴膜的目的 2. 了解汽车防爆膜的种类和特点 3. 掌握汽车防爆膜质量的鉴别方法 4. 熟悉汽车防爆膜贴护工艺
技能目标	1. 会正确使用车窗膜操作工具 2. 掌握车窗膜质量优劣的评价方法 3. 能够正确选用车窗膜工具进行规范车窗膜贴护作业

【知识准备】

一、汽车内饰污垢的种类、演变和去除方法

1. 车内污垢的种类

（1）水溶性污垢　水溶性污垢指糖浆、果汁中的有机酸、盐、血液、黏附性的液体等。

（2）非水溶性固体污垢　非水溶性固体污垢指泥、沙、金属粉末、铁锈或霉菌、虱虫等。

（3）油脂性污垢　油脂性污垢指润滑油、漆类产品、油彩、沥青、食物油等。

2. 车内污垢的演变

（1）黏附　污垢会在重力作用下停落或黏附在物件的表面。当有压力或摩擦力产生时，污垢也会渗透物件的表层，变得难以去除，如汽车玻璃及表台上的灰尘。

（2）渗透　饮料或污水会渗透物件的表层，被物件所吸收，以致很难清除，如车门内饰板、后挡台、脚垫上的饮料或血渍。

（3）凝结　黏性污垢变干凝固后，会紧紧粘贴在物件表面，如汽车内饰丝绒脚垫或地毯表面的轻油类污垢。

3. 去除污垢的方法

（1）高温蒸汽　可以使极难去除的污垢，在清洗之前先软化，为手工清洁部件上的污渍做好准备。

（2）水　用水可除去水溶性污垢，但不能去除油脂性污垢，而且难以清洁触及不到的内部物件上的水溶性污垢。

（3）清洁剂　能去除轻油脂及重油脂类污垢，帮助水分渗入内饰丝绒化纤制品。

项目二　汽车的清洁与护理

（4）作用力　清洗车室内的物件时，拍打、刷洗、挤压等皆有助于去除污垢。

二、汽车内饰材料

1. 皮革材料

目前，市场上流行的皮革制品有真皮和人造皮革两大类。人造皮革中合成革和人造革由纺织布做底基或无纺布做底基，分别用聚氨酯涂覆并采用特殊发泡处理制成的，有的表面手感酷似真皮，但透气性、耐磨性和耐寒性都不如真皮。

（1）皮料的特性与分类

1）粒面皮革。

2）修面皮革。

3）压花皮革。

4）特殊效应皮革。

（2）皮革材料在使用过程中出现的问题

1）松面。出现起皱且展平后不消失，起皱是最严重的松面现象。

2）裂浆、掉浆、露底。

3）掉色。掉色是指涂层经干擦或湿擦后产生掉色现象。

4）油霜、盐霜。在革面上形成的粉状油脂渗出物叫作油霜。

5）革面发黏。用手触摸革面是有粘手的感觉，或将革面相对叠在一起，在分开时发出黏结声，则被认为是涂层发黏。

6）僵硬无弹性。

2. 橡塑材料

橡塑是橡胶和塑料的统称，它们最本质的区别在于塑料发生的是塑性变形，而橡胶是弹性变形，即塑料变形后不容易恢复原状态，而橡胶相对来说就容易得多。塑料的弹性是很小的，通常小于100%，而橡胶可以达到100%甚至更多。塑料在成型上绝大多数成型过程完毕，产品过程也就完毕，而橡胶成型过程完毕后还需要硫化过程。

轮胎的主要材料就是橡胶，汽车内饰件也大量使用橡塑材料。目前，采用PP材料制造仪表板总成外壳已成为主流。

3. 纤维材料

纤维材料有天然纤维和化学纤维两种。天然纤维是指由棉、麻和毛为原料加工制成的成品材料，天然纤维材料的特性是安全环保、舒适性高，但是容易脏污，保养护理比较麻烦。化学纤维是用天然或人工合成的高分子物质为原料，经过化学或物理方法加工而得的制品的统称。因所用高分子化合物来源不同，可分为人造纤维和合成纤维。在汽车内饰中纤维材料也大量使用，比如顶棚、地板和座椅等都是使用纤维材料较多的地方。

4. 合金材料

合金是由金属与另一种（或几种）金属或非金属所组成的具有金属通性的物质。一般通过熔合成均匀液体和凝固而得。在汽车装饰部件上使用的合金，绝大多数都是镀到基材上去的，主要是为了增加其抗磨性、美观性，并满足车主不同的要求。

5. 木质和仿木质材料

木质或者仿木质材料也是轿车内饰的主要材料之一，镶嵌在仪表板、中控板（副仪表板）、变速杆头、门扶手、转向盘等地方。桃木或仿桃木材料具有美观、高雅、豪华等特点，其独有的花纹图案可获得特殊的装饰效果，适合于高档车。

三、汽车内饰清洁护理产品和消毒设备

1. 汽车内饰清洁护理产品

（1）万能泡沫清洗剂

1）性能特点：万能泡沫清洗剂采用泡沫配方，具有强力去污能力，可有效清洁人造皮、丝绒、纤维、塑料以及电镀等制品表面的污渍，使汽车顶棚、内壁、控制台、座椅、地毯等内饰表面光洁如新。部分品牌的万能泡沫清洗剂如图2-11所示。

图2-11 部分品牌的万能泡沫清洗剂

2）万能泡沫清洗剂使用的基本方法如下：

① 万能泡沫清洗剂在使用前应先充分摇晃均匀。

② 在距离清洗部位约10~20cm处均匀喷洒。

③ 让喷洒的泡沫在被清洁表面作用30~40s。

④ 用干净的湿布、海绵或软刷擦刷。

⑤ 用干净软布擦净即可。

（2）丝绒清洁保护剂　丝绒清洁保护剂对毛绒、丝绒和棉绒等织物均有清洁保护作用。泡沫丰富，去污力强，洗后留有硅酮保护膜，能恢复绒织物原状，防止脏物渗入。使用时，轻轻摇晃该用品使其均匀，然后大面积地喷在待处理表面或喷在干净布上擦拭，再用洁净干布将泡沫擦净。污渍明显的地方应反复喷涂擦拭。

（3）地毯洗涤保护剂　地毯洗涤保护剂的原理及用途：富含多种表面活性剂和光亮剂、柔软剂，对油污具有快速清洁能力，可安全用于各种质地颜色的地毯清洁。

特性如下：

1）本品呈中性，适用于抽吸式地毯清洗机。

2）根据地毯的脏污程度1：20~1：30配水使用。

3）使用本品避免地毯发黏、发霉，保持蓬松柔软。

（4）皮革清洁剂　皮革清洁剂是用于清洁皮衣、皮沙发、皮包、皮椅、皮鞋等真皮制品的产品，皮革清洁一般是指对真皮制品表面的清洁，不含里面的清洁。皮革之所以柔软，其根本原因就在于制革时，将油脂引入动物皮的内部，形成全面覆盖皮内纤维表面的油膜，即在皮内纤维表面之间用一层适宜厚度的油膜隔开，这样，皮革内部纤维之间移动的摩擦力就相当于油分子的摩擦力，因而皮革就会很柔软。但是，由于引入皮革内部的油脂在自然状态下，会随着时间的久远而慢慢挥发走失，或由于其他原因使油膜遭到破坏，如遇水发生水解或高温环境下，油膜被破坏，油脂挥发走失，因而皮革内部纤维之间就会相互黏结在一起，从而使真皮变硬、变脆。因此，皮革内油膜被破坏或油脂走失时，应重新给皮革内部纤维之间的表面注入形成油膜的优质油脂。

皮革清洁剂除必需的去污活性组分，即表面活性剂外，还需加入富脂剂、保湿剂和上光剂等。表面活性剂除洗涤力好外，还要具有较好的渗透性和乳化性，以利于剂型的稳定。常用的皮革加脂剂有各种油类，如矿物油及油脂、磺化油、硫酸化油类、高级醇类、高级脂肪酸的高级醇脂类等。上光剂赋予皮革以光泽。常用的是各种蜡类，如石蜡、棕榈蜡等。皮革清洁剂由于富脂剂及上光剂的存在，一般制成乳化状产品，如乳液类、霜类制品。

对皮革清洁剂的要求如下：

1）酸碱度的pH值在5~7.5范围内。

2）不含摩擦剂，采用摩擦剂配方的皮革清洁剂，是通过摩擦颗粒清洁的，很可能会磨花皮革表面，但如果污垢太严重，以至难于清洁干净，则摩擦剂方案还是比渗透入皮内、会腐蚀皮内纤

维的碱性化学清洁剂好。

3) 没有气味或稍含淡香，有浓味，很可能对人的健康造成危害。

4) 清洁力不是很强，但可以把真皮彻底清洁干净，否则，如一抹即干净，将可能是化学作用的结果，会伤害真皮。

5) 真皮一接触即显光亮。

6) 要选择水性的皮革清洁剂，即可以水解的，因为水性的不含毒性。但含油可以水解的皮革清洁剂，不是油性，也是水性，这是最好的皮革清洁剂相对生物皮具清洁剂。

7) 可以降解，对环境没有污染，符合环保要求。清洁真皮要采用皮革专业清洁剂，因为非专业清洁剂从真皮的毛孔渗入，会破坏真皮的内部结构，缩短真皮的使用寿命，而专业皮革清洁剂，作用刚好相反，不但清洁，还深层滋润护理，延长皮革的使用寿命。

2. 汽车室内消毒设备

（1）蒸汽清洗机　蒸汽清洗机是一种通过高温蒸汽对汽车内室进行清洗的设备，可对丝绒、化纤、塑料、皮革等不同材料进行清洗。该设备不仅具有较强的去污功能，而且还具有杀菌消毒的作用，可以清除顽固的污渍、油渍，完全消除细菌、蚂蚁、微生物及病原体，特别是对带有异味的污垢有很强的清洗作用，能使皮革恢复弹性，丝绒化纤还原至原有光泽，是汽车内室美容的首选设备，如图2-12所示。

图 2-12　蒸汽清洗机

蒸汽清洗机操作步骤如下：

1) 注水。利用量筒、漏斗向蒸汽壶中注入适量的水，注水量应在0.6~1.5L范围内。

2) 预热。插上电源，开起开关按钮，预热10min左右，待工作指示灯亮起后便可使用。

3) 清洗。选择适合内室结构的蒸汽喷头，并用半湿毛巾包裹，选择合适的温度，然后将蒸汽喷嘴对准需要清洁的部位，按动蒸汽扳机即可进行清洗。

4) 关机。关闭清洁机时先松开扳机，然后切断电源即可。

蒸汽清洗机注意事项如下：

因蒸汽清洗机产生的温度很高，稍有不慎将会造成人体烫伤，为此在使用中应注意以下事项：

① 使用中不要用手接触蒸汽喷头等高温部件。

② 关机后一定要冷却5min以上，才可取下蒸汽清洗机附件。

（2）泡沫清洗机　泡沫清洗机是一种可产生泡沫用于清洗的设备，适用于车身的日常清洗和汽车内室丝绒织品、座椅等的清洗，是专业汽车美容的必备设备，如图6-11所示。采用泡沫清洗车辆具有省时、省力、干净、节约清洗用品、避免微细沙粒损伤汽车漆面或内饰表面等特点。此种清洗方式改变了传统用人工洗车的落后工艺，提高了汽车清洗质量。

泡沫清洗机的操作步骤如下：

1) 注水。打开泡沫清洗机球阀，加注洁净清水。

2) 加清洗剂。加足水后，再加入900g左右的高度清洗剂，然后打开气阀，将气压表的压力调至0.2~0.4MPa，打开泡沫清洗机的喷射阀，喷出的清洗液呈泡沫状，让泡沫均匀覆盖在清洗物面上。

3) 擦拭。用干净海绵擦拭物面，再用干净毛巾擦净即可。

（3）车用吸尘器　吸尘器是一种能将尘埃、脏物及碎屑吸集起来的电气设备，它是进行汽车内室日常清洁的主要设备。汽车内室虽然空间小，但结构复杂，不便于清洁。采用吸尘器可方便地将内壁、地毯、座椅及缝隙中的浮尘和脏物吸除干净，并且不会使尘土飞扬。常见的车用吸尘器主要有微型吸尘器、便携型吸尘器和专业型吸尘器三种。

1）微型吸尘器。车载微型吸尘器具有小巧、灵活和实用等特点，是车主清洁内室的理想工具之一。该微型吸尘器根据使用电源的不同分为干电型和电源型两种。

2）便携型吸尘器。具有噪声小、体积小、重量轻、外形美观、携带方便等特点。通过电压转换器（汽车逆变电源）便可借助汽车电源使用，主要用于汽车内室除尘。

3）专业型吸尘器。专业型吸尘器一般为吸尘吸水机，如图2-13所示。它集吸尘、吸水于一体，配有适于汽车内室结构的专用吸嘴，操作简单、吸力大并可与内室蒸汽机配套使用。

图2-13 专业型吸尘器

四、车内消毒方法

1. 化学消毒

化学消毒主要是利用一些消毒剂对汽车部件进行喷洒和擦拭，通过化学作用达到除去病菌的目的，这种杀菌方法操作简单易行，病菌杀灭比较彻底。目前市场上常见的化学消毒液主要有过氧乙酸和84消毒液。该方法消毒较彻底，但是消毒后车舱内会留有气味，需要开窗通风一段时间。

化学消毒的缺点是容易留下化学残留物，造成潜在的危害，同时对汽车部件也有一定程度的损害。化学消毒液一般都具有腐蚀性和漂白性，使用时需要小心汽车内饰和金属部件。

1）84消毒液消毒。84消毒液含氯量5%，使用时必须加200倍的水进行稀释，如果不按比例稀释会有一定的腐蚀性。车内消毒可采用喷洒和擦拭的方法，座椅套等可拆卸的织物则可采用浸泡法消毒，如图2-14所示。

2）过氧乙酸消毒。车内用过氧乙酸消毒主要采用喷洒法，首先要将过氧乙酸原液加入水中稀释到0.2%~0.5%，由于过氧乙酸易挥发，所以要保证使用时的浓度，最好随用随配。将过氧乙酸消毒液对车内进行喷洒后，要通风半小时以上，才能进入车内。使用过氧乙酸消毒时应注意以下事项：过氧乙酸原液具有腐蚀性，不可直接用手接触，应防止药液溅到皮肤上。所以配制溶液时最好佩戴橡胶手套。过氧乙酸对金属有腐蚀性，不可用于车内金属表面消毒。喷洒时，操作者应佩戴口罩，如图2-15所示。

图2-14 84消毒液

图2-15 过氧乙酸

3）来苏水（甲酚皂）消毒。将来苏水与水配制成1%~3%的溶液，可采用喷洒、擦拭的方法保持30~40min，用于车内物体表面消毒，如图2-16所示。

2. 负离子消毒

空气中的负离子（负氧离子）与细菌、霉菌、病毒等接触，由于负离子本身携带多余电子，会破坏它们的分子蛋白结构，使其产生结构性改变（蛋白质两极性颠倒）或能量转移，从而使细菌、病毒等微生物死亡，如图 2-17 所示。负离子还能起到一定清除车内污染的作用。由于负离子具有粒径小、活性高的特性，利用气体的弥漫性可迅速地扩散至房间内的各个角落，主动与空气中的污染物相结合，比如甲醛、甲苯、TVOC 等装修污染物等发生反应，将其分解为无毒的二氧化碳和水，在一定程度上能缓解污染残留。

图 2-16　来苏水

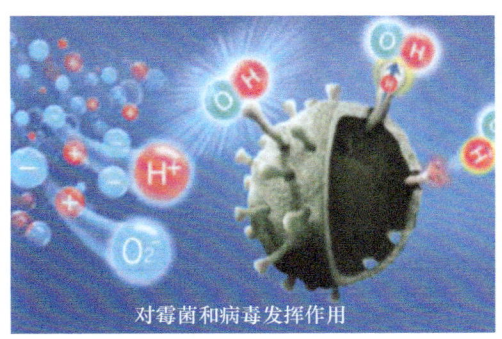

图 2-17　负离子消毒

3. 光触媒消毒

（1）光触媒的定义　光触媒也叫作光催化剂，是一种以纳米级二氧化钛为代表的具有光催化功能的半导体材料的总称。具有代表性的光触媒材料是二氧化钛，它能在光照射下产生强氧化性的物质（如羟基自由基、氧气等），并且可用于分解有机化合物、部分无机化合物、细菌及病毒等。在日常生活中，光触媒能有效地降解空气中有毒、有害气体，如甲醛等，高效净化空气；同时，能够有效杀灭多种细菌，并能将细菌或真菌释放出的毒素分解及无害化处理。

（2）光触媒的作用　光触媒（纳米除醛酶）作为新兴的空气净化产品，越来越多地应用于车内的空气净化，主要有以下功能：

1）空气净化。对甲醛、苯、氨气、二氧化硫、一氧化碳、氮氧化物等影响人类身体健康的有害有机物起到净化作用。

2）负氧离子。释放负氧离子，中科院理化技术研究所对国内某光触媒进行检测后发现，使用优质远红外光触媒喷涂 $100m^2$ 建筑面积的房间，相当于种了 25 棵白桦树的净化效果。

3）杀菌。对大肠杆菌、金黄色葡萄球菌等具有杀菌功效。在杀菌的同时还能分解由细菌死体上释放出的有害复合物。

4）除臭。对香烟臭、厕所臭、垃圾臭、动物臭等具有除臭功效。

5）防污。防止油污、灰尘等产生。对浴室中的霉菌、水锈、便器的黄碱及铁锈和涂染面褪色等现象同样具有防止其产生的功效。

6）净化。具有水污染的净化及水中有机有害物质的净化功能，且表面具有超亲水性，有防雾、易洗、易干的效能。

汽车室内清洁

一、场地、设备、工具和材料准备

汽车室内清洁场地、设备和工具见表2-7。

表2-7 汽车室内清洁场地、设备和工具

序号	场地、设备、工具	图例
1	清洁场地	
2	专用吸尘工具	
3	专用清洗剂	
4	专用汽车内饰擦巾	

项目二　汽车的清洁与护理

（续）

序号	场地、设备、工具	图　例
5	小刷子、小棉签	

二、任务实施步骤及要求

汽车内饰清洁步骤见表2-8。

表2-8　汽车内饰清洁步骤

步骤	操作内容	操作示意图	技术要求
1	空调出风口格栅清洁		使用小刷子刷下空调出风口格栅的灰尘，在清洁灰尘的同时用湿布在清洁部位附近拭擦粘住掉落的灰尘。一些空调出风口格栅上的边角位可以使用蘸湿的棉签来清洁
2	塑料内饰的清洁		在塑料饰板上喷上专用的内饰清洁泡沫。待泡沫散去一点，便使用柔软的干布开始拭擦饰板，直到泡沫完全被拭去，塑料内饰变得干净为止
3	桃木内饰的清洁		用湿布清除上面的灰尘，使用柔软的吸水力强的干布拭去桃木上的水分

（续）

步骤	操作内容	操作示意图	技术要求
4	车顶绒面/布料的清洁		使用吸尘器把绒顶的灰尘吸走。使用拧干的湿布轻轻拭擦整个绒顶表面。使用太湿的布料会使绒顶太湿，难以干透，从而出现水渍或发霉。对于水渍，可以使用内饰清洁剂进行清洁
5	座椅皮质的清洁		往真皮上喷上适量的皮革清洁剂，让清洁剂覆盖皮革表面。等待3~5min，等泡沫散去，使皮革清洁剂充分溶解污渍。使用柔软的干布把溶解的污渍和皮革清洁剂擦去，就完成了真皮表面的清洁
6	地毯的清洁		使用吸尘器把大颗粒的尘土及石子吸走。取出地毯并使用棒子拍打，以去除灰尘。对于一些水渍以及轻微污渍，可以使用内饰清洁剂清除

项目三 汽车漆面美容

任务一 汽车漆面打蜡

【任务导入】

汽车打蜡，作为汽车美容的传统项目，是给车身表面涂上一层保护蜡后，再将蜡抛出光泽。汽车在行驶过程中，空气中的尘埃与车身金属表面相互摩擦产生静电，车蜡可隔断尘埃与车表金属摩擦。通过打蜡，不仅可有效地防止车身表面静电的产生，还可大大降低带电尘埃在车表面的附着。同时，车身打蜡对保护面漆、光亮漆层也具有很好的效果。因此，汽车在使用过程中，定期进行打蜡处理是非常必要的。

【学习目标】

目标名称	目标内容
知识目标	1. 掌握汽车车蜡的作用
	2. 掌握汽车车蜡的分类
技能目标	1. 会正确选择汽车车蜡
	2. 能够正确熟练地进行手工打蜡

【知识准备】

一、车蜡的作用

1. 防水作用

汽车经常暴露在空气中，免不了受到风吹雨淋，车蜡能使车身漆面上的水滴附着减少 60%～90%，车蜡还可以使残留在漆面上的水滴进一步平展，呈扁平状，可以减少水滴因强烈阳光照射时的聚焦作用造成漆面暗斑、侵蚀和破坏。

2. 抗高温作用

车蜡的抗高温作用是对来自不同方向的入射光产生有效反射，防止入射光线穿透透明漆，导致底色漆老化变色，延长漆面的使用寿命。

3. 防紫外线作用

实际上车蜡防紫外线作用与它的抗高温作用是并行的，只不过在日光中的紫外线较易于折射进入漆面，防紫外线车蜡充分地考虑了紫外线的特性，使其对车表的侵害降低。

4. 防静电作用

汽车静电的产生主要有两种：一是化纤、丝毛织物，如地毯、座椅、衣物等摩擦产生的；二是由于汽车在行驶过程中，空气中的尘埃与车身漆面相互摩擦产生的。无论是哪种原因产生的静电，都对驾乘人员带来诸多不便，甚至造成伤害。车蜡防静电作用主要是隔断空气及尘埃与车身漆面的摩擦。通过打蜡，不但可有效防止车表静电的产生，还可大大降低带电尘埃对车表的附着。

5. 上光作用

上光是车蜡最基本的作用之一，经过打蜡的车辆，都能不同程度地改善其漆面的光洁程度，使车身恢复亮丽本色。

6. 研磨抛光作用

当车身漆面出现浅划痕时，可使用研磨抛光蜡，若划痕不严重，抛光和打蜡作业可一次完成。

7. 其他作用

车蜡除了具有上述作用外，还具有防酸雨、防盐雾等作用，选用时可根据需要灵活掌握，使打蜡事半功倍。

二、车蜡的主要成分和分类

车蜡的主要成分是聚乙烯乳液或硅酮类高分子化合物，并含有油脂和添加剂成分。以石油蒸馏物为主要原料的蜡，其缺点是易溶于水，不耐高温，无抗紫外线功能。以热带丛林中的棕榈树脂为主要原料，并在后期加入了特氟龙和硅氧树脂，形成了天然蜡、聚合物蜡、釉、车膜等特色蜡，抗紫外线性能和防水性好等。

由于车蜡中的添加成分不同，使其物理形态和性能上有所区别，因此划分为如下种类：

1. 按物理状态的不同

按物理状态的不同，车蜡可分为固体蜡和液体蜡两种。在日常作业中，液体蜡应用相对较广泛。

2. 按生产国家不同

按生产国家不同，车蜡可大体分为国产蜡和进口蜡。目前国内汽车美容行业中使用的中高档车蜡，绝大部分为进口蜡。

3. 按其作用不同

按其作用不同，车蜡可分为防水蜡、防高温蜡、防静电蜡及防紫外线蜡多种。

4. 按功能的不同

按功能的不同，车蜡可分为上光蜡和抛光研磨蜡两种。

打蜡机是汽车美容护理最基本、最常用的设备。主要以电为动力，使用简单。当车漆表面出现微划痕、中划痕或水渍时，可根据严重程度来选适应的蜡配合打蜡机进行修复。打蜡机像打磨机一样，可调其转速。通常要求汽车车漆表面打磨时，要求先低转速打磨，且不要只固定在一个位置打磨，要来回打磨，并每过2~3min，用手面轻触打磨部位是否发烫，如发烫应洒点水，再继续打磨。

三、打蜡的注意事项

汽车打蜡的质量好坏，不但与车蜡的品质有关，而且与打蜡作业方法关系密切，所以要正确进行打蜡。在进行汽车打蜡时应注意以下几点：

1. 要掌握上蜡的频率

由于汽车行驶环境及停放场所的不同，车蜡的保持时间也不同，因而打蜡的时间也应该有所

项目三　汽车漆面美容

区别。一般可以通过目测或触摸的方式感知打蜡的时间。如果看到漆面暗淡或感觉发涩无光滑，应再次打蜡。一般以 4~6 个月为宜。

2. 注意打蜡的环境

打蜡作业应该在室内进行，环境要清洁，应通风良好，要避免有沙尘黏附在车身上，以免影响打蜡效果和损伤漆面。

3. 注意打蜡的时机

打蜡应该选择天气晴朗的日子，避免在雨天进行。打蜡时，车身温度不宜过高，否则影响打蜡的附着力。

【任务实施】

汽车车身打蜡

一、场地、设备、工具和材料准备

汽车车身打蜡场地、设备和工具见表 3-1。

表 3-1　汽车车身打蜡场地、设备和工具

序号	场地、设备、工具	图例
1	打蜡场地	
2	打蜡工具	
3	清洁用品	

二、任务实施步骤及要求

汽车车身打蜡步骤见表3-2。

表3-2 汽车车身打蜡步骤

步骤	操作内容	操作示意图	技术要求
1	洗车除尘		打蜡前必须要把车冲洗干净,并保持车身清洁和干燥。车身潮湿会导致打蜡时车蜡不均匀,车身有杂物或者灰尘会划伤漆面
2	车身打蜡		用固体车蜡配套使用的海绵蘸上车蜡均匀地在车身上画圈,按发动机舱盖—前翼子板—车顶—车门—后翼子板—行李舱的顺序依次打蜡,使车蜡在漆面上呈现出鱼鳞状效果
3	打蜡完毕		打蜡完毕,稍等5~10min,使车蜡自然晾干,以车蜡颜色稍微发白触摸时呈粉状为好
4	收尾抛光		准备一条超细纤维毛巾,并折叠整齐成矩形,在车身上为漆面抛光,擦除干燥后多余的车蜡,直至车身光亮如新
5	检查收工		检查车身是否存残余车蜡,如果有请及时擦除。把车蜡和海绵收好放在阴凉处,以备下次使用

项目三 汽车漆面美容

任务二 汽车漆面研磨与抛光

【任务导入】

在汽车的行驶过程中，总会遇到各种伤害车漆的情况，如自然侵蚀和人为因素等。汽车漆面被氧化或是轻微的划痕，虽然对汽车的性能没有太大的影响，但是却严重地影响了汽车的外观。这些划痕可以通过漆面研磨、抛光的办法来修复，可以使受伤的漆面恢复到以前的状态。

【学习目标】

目标名称	目标内容
知识目标	1. 了解研磨与抛光的作用
	2. 了解研磨、抛光与还原用品的种类和特点
	3. 掌握研磨与抛光用品的选用方法
	4. 熟悉汽车研磨与抛光工艺
技能目标	1. 会正确使用汽车研磨与抛光的操作工具
	2. 掌握研磨与抛光质量的评价方法
	3. 能够正确选用研磨与抛光工具，进行规范汽车研磨与抛光作业

【知识准备】

一、漆面研磨与抛光的作用

漆面研磨的操作是通过研磨机或是抛光机进行的，并且配合研磨机使用。在车身漆面上高速地旋转产生摩擦，以去除漆面氧化层、轻微划痕等缺陷所进行的作业。

漆面抛光是漆面研磨的下一步工序，由于车漆的表面经过研磨之后或多或少都会留下一些打磨的痕迹，因此，漆面抛光的主要目的就是为了消除这些痕迹，使车漆恢复到光滑无痕的效果。

二、研磨、抛光与还原用品

研磨是通过抛光研磨机与研磨剂作用于车漆表面进行预处理，清除漆面上的污物，消除严重氧化及微浅划痕或减轻表面缺陷。

1. 研磨剂

研磨剂是属修复性护理的产品，它主要用来去除氧化、微划痕等不同程度的车漆损伤。其选用原则有以下两大方面：

1）根据损伤的情况，应选用不同功效的研磨剂。
2）根据车漆的性质来选用研磨剂的种类。

研磨剂按使用范围的不同分为普通型研磨剂和通用型研磨剂。

1）普通型研磨剂。普通型研磨剂中作为摩擦材料的一般都是坚固的浮岩。根据浮岩颗粒的大小，分为深切、中切和微切三类，如图3-1所示。

作用：主要用于治理普通漆不同程度的氧化、划痕和褪色等漆膜缺陷。

注意事项：坚硬浮岩如用在透明漆上很快就会把透明漆层打掉，它们不适合透明漆的研磨。

◀普通深切研磨剂
性能和用途：不同传统的强力研磨材料，配以氧化合物的深切型研磨剂具有传统工艺的优势，加上化学切割的功效，适用于各种大面积车漆研磨工作，是漆房、修理厂及做深划痕的汽车美容店的必备产品

◀普通中切研磨剂
性能和用途：选用特殊材料制成，不易粘在切盘上，是国内大部分汽车的理想研磨材料。适用于去除各种普通漆的严重氧化、中度划痕、擦伤等

◀普通微切研磨剂
性能和用途：选用特殊材料制成，不易粘在切盘上，是国内大部分微型汽车的理想研磨剂。适用于各种普通漆的去氧化和划痕

图 3-1 普通型研磨剂

2）通用型研磨剂。通用型研磨剂对普通漆和透明漆均可使用，该研磨剂中的摩擦材料为微晶体颗粒和合成磨料，它们具有一定的切割功能，但不像浮岩那样坚硬。

研磨剂按切割方式可分为物理切割式、化学切割式和多种切割式。

1）物理切割式研磨剂。物理切割方式的有浮岩型和陶土型两种。

特点：材料坚硬，切割速度快，利用颗粒与漆层摩擦产生高热，去除表面的瑕疵，但操作过程中颗粒体积不会因切割的速度和粒度而发生变化。

2）化学切割式研磨剂。化学切割方式有微晶体型。

特点：可通过摩擦产生的热量逐步化解微晶体颗粒，使其体积在操作过程中逐步变小，产生极热高温而去除氧化层，同时溶解表面漆层凸出的部分，填平凹处的针眼。

3）多种切割式研磨剂。多种切割方式主要是中性研磨剂。

特点：中性研磨剂是目前市场上最佳的漆面护理研磨材料，内含陶土及微晶体两种切割材料，适合各类汽车漆面，而且便于操作，速度快，研磨力度小。既有物理切割作用，又有化学溶解填补功能，利用两种材料与漆面摩擦产生热量，去除氧化层，同时迅速溶解漆层凸点、填补凹处而起到双重效果，以达到符合抛光要求的表面基材。

2. 抛光剂

如果说洗车是车身护理最重要的一步，研磨和清洁是最关键的一步，抛光则是车体护理最具有艺术的一步，一辆车做得有多新、多光滑、多亮和能保持多久的主要秘密都来源与此。抛光剂其实也是一种研磨剂，是一种含颗粒更细摩擦材料的研磨剂。

车身抛光的作用如下：

1）消除研磨造成的细微划痕。

2）修理车漆的轻微损伤，包括酸性雨点、石灰和水泥点及虫体、鸟粪、漆点等。

3）为还原、打蜡做好准备。抛光质量的好坏对车漆外观效果及耐腐蚀能力的影响很大，甚至能影响汽车本身的价值。抛光剂按摩擦材料颗粒或功效的大小不同可分为微抛、中抛和深抛三种，如图 3-2 所示。

◀微抛光剂
微抛光剂是用于去除极细微的车漆损伤，一般指刚刚发生的环境污染及酸性侵蚀，但这类的轻微损伤目前可使用含抛光剂的蜡来取代微抛

◀中抛光剂
中抛光剂主要用来处理不同程度的浅丝划痕，适用于透明漆的抛光

◀深抛光剂
深抛光剂与中抛光剂一样，用来处理不同程度的浅丝划痕，适用于普通漆的抛光

图 3-2 抛光剂

3. 还原剂

如图3-3所示,"还原"是介于抛光与打蜡之间的一道工序,还原剂可使研磨和抛光等工作成果再上一个台阶。还原剂中有些产品又称为"增光剂"。

还原剂与抛光剂本质的区别在于还原剂含蜡(或上光剂),而抛光剂不含蜡(或上光剂)。

还原剂与抛光剂在使用上的区别如下:

1)因抛光剂不含蜡,使用抛光剂可切实地检验出抛光的质量。

2)因还原剂加入了蜡或上光剂,在抛光功效上比纯抛光剂要差些。

a)漆面还原剂　b)真皮还原剂　c)色彩还原剂

图3-3　还原剂

3)还原剂实际是一种集抛光和打蜡为一体的二合一产品,可以缩短工作时间。

4)"还原"是上蜡前的一道工序,可以进行一步完善抛光的效果。

5)还原剂虽然有蜡的效果,但还原剂一般保持时间不长,接触几次水后就会流失。要取得长久保持的效果,还原剂上还应再加一层高质量的蜡。

4. 研磨与抛光用品正确选用

市面上出售的汽车研磨(抛光)用品其包装及型号多种多样,选用时应注意以下几点:

(1)注意面漆种类不同　风干漆与烤漆其表面都可进行研磨(抛光)处理,但其所用的研磨(抛光)用品是不一样的,因为这类漆本身所含溶剂不同,用错会造成漆膜变软、裂口及变色。纯色漆与金属漆所使用的研磨(抛光)用品也应该进行区分,金属漆所专用的研磨(抛光)用品不但可增加漆面亮质,而且能使金属漆的闪光效果更清澈,更富立体感。

(2)注意漆面颜色不同　浅颜色漆与深颜色漆所用到的研磨(抛光)用品不能混用。浅颜色漆面用深颜色漆的研磨抛光用品会使漆膜颜色变深,深颜色漆面用浅颜色漆的研磨抛光用品会使漆膜颜色变淡,出现雾影,严重影响外观。

(3)研磨剂与抛光剂要进行区分　研磨剂在研磨时先用,然后再用抛光剂进行抛光,如果颠倒使用,不但会浪费抛光剂,还达不到应有的研磨效果。

(4)漆膜保护增光剂与镜面处理剂要分清　镜面处理剂是对漆面进行增光处理的专用剂,其保护作用不如保护增光剂;保护增光剂含有许多成分,可在漆面上形成一层保护膜,低于外界紫外线、酸雨、静电粉尘、水渍等侵害。

(5)含硅与不含硅产品在使用范围上要进行区分　含硅产品在修理厂尽量避免使用,因为漆膜一旦粘有硅质,对漆面修补都是很难处理的。

三、研磨与抛光设备

1. 研磨机

(1)种类　研磨机按转速可分为高速研磨机、中速研磨机和低速研磨机。高速研磨机和中速研磨机速度可调,市场上常见的有1750~3000r/min的高速研磨机和1200~1600r/min的中速研磨机。低速研磨机一般为单速1200r/min,如图3-4所示。

(2)配套材料　研磨机的主要配套材料是研磨盘和抛光盘,根据装盘方式可分为吸盘式研磨盘和抛光盘以及紧固式研磨盘和抛光盘。研磨盘的材料有全毛、混纺毛和海绵三种,每种所用的研磨和抛光材料又有明显的区别,如海绵研磨盘是黄色的,质地硬;抛光盘是白色的,质地软、细腻。盘的厚度和形状也不一样,美式的一般为1~1.25in厚,圆盘直

图3-4　研磨机

径为 7~10in，圆盘有平底的，还有波纹底的；欧式的圆盘直径小，一般为 6in，但厚度则有 2in，同样也有平底和波纹底两种。波纹盘的优点是可减少飞溅。

2. 抛光机

如图 3-5 所示，抛光机是汽车维修和美容护理的必备设备，其规格和型号较多。基本操作较为简单，但操作要领很重要，需要考虑被抛光物的实际情况和环境条件。否则，会影响抛光效果。

抛光机的主要技术参数见表 3-3。

图 3-5　抛光机

表 3-3　抛光机的主要技术参数

产品型号 技术参数	RAP180.03E 抛光机	RAP150.03E 抛光机	RAP80.02E 抛光机
功率/W	1500	1050	500
转速/(r/min)	500~2650	900~2500	750~2300
抛光轮直径/mm	180	150	80
重量/kg	3.1	2.7	1.6

四、研磨方法和注意事项

1. 研磨方法

研磨是指修整划痕，去除氧化膜、网纹及除去无法清洗掉的污渍，使汽车漆膜表面相对平整光滑。研磨应选用研磨剂，该剂颗粒较大，可将车身表面不平漆面或粗粒磨去，使车身表面漆膜平滑细腻、漆层变薄。

研磨方法如图 3-6 所示。

a) 与漆膜表面接触

b) 错误的操作方式

c) 轻轻下压，用力均匀

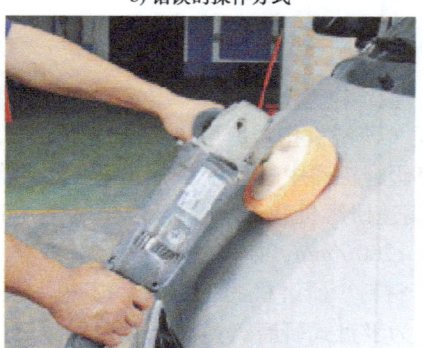

d) 来回移动

图 3-6　研磨方法

① 先将研磨机起动，然后再与漆膜表面接触。
② 研磨机与漆膜表面应平行，不能倾斜。
③ 两手抓牢研磨机并轻轻下压，用力应均匀。
④ 研磨机不能长时间在一个位置工作，要来回移动。

2. 研磨操作的注意事项

① 为了防止在研磨过程中尘土落在工作面形成划痕，研磨操作应在湿性环境中进行，不需要擦干洗车后车身漆面上附着的水滴。

② 操作人员应该穿戴统一的工作服，防止衣物上的纽扣或皮带夹等划伤车身漆面。

③ 研磨应该是作为抛光工序的预处理进行的，研磨后，应将车体用开蜡洗车液彻底洗净后再进行抛光工序。

④ 操作时应根据汽车板块的顺序进行施工，不应有漏打之处。研磨的力度应该越来越轻，这样可防止在研磨结束后出现光环印迹。

⑤ 棱角处不应过多研磨，以防打漏表面漆层。在操作过程中，应避免研磨到车身漆面以外的其他任何部件。

温馨提示：如果车身表面摸起来有粗糙感，就表明其已被碳粒子或污粒所黏附，此时可使用去污私土来加以清除。在研磨时，必须加上充分的水来黏取污粒，以恢复原来的光滑表面。

【任务实施】

汽车漆面斑点及失光治理的实施步骤

一、场地、设备、工具和材料准备

汽车漆面斑点及失光治理场地、设备和工具见表3-4。

表3-4 汽车漆面斑点及失光治理场地、设备和工具

序号	场地、设备、工具	图例
1	汽车美容场地	
2	研磨抛光工具	

(续)

序号	场地、设备、工具	图 例
3	美容用品	

二、任务实施步骤及要求

车身漆面斑点及失光治理的实施步骤见表3-5。

表3-5 车身漆面斑点及失光治理的实施步骤

步骤	操作内容	操作示意图	技术要求
1	清洁车身		选用电动细磨机或气动细磨机配合专用超软连接垫和超软尼龙细砂网S1200，以中、低速将氧化膜除掉车身表面清洗后达到车身清洗的要求，漆面整洁无污物
2	粗抛漆面		将水溶性抛光蜡涂于海绵球表面，用抛光机以中速1600r/min扩散研磨一遍，以调整漆膜纹理，粗抛后划痕去掉，有较明显的抛光痕迹
3	细抛漆面		将水溶性抛光细蜡加少许的水均匀涂抹在需要抛光的部位，改用羊毛球，用抛光机以1900~2200r/min的速度将砂纸纹抛掉

项目三 汽车漆面美容

（续）

步骤	操作内容	操作示意图	技术要求
4	漆面上光封闭保护		用水溶性漆膜上光保护蜡和费斯托细海绵球将蜡均匀涂在车身表面，10min后用洁净的羊毛球抛光

任务三 汽车漆面封釉与镀膜

【任务导入】

车的漆面就如同人的皮肤，不管是一辆什么类型的车，如果能有光彩夺目的色彩和光泽都会让人羡慕不已。因此，提高和保护汽车漆面的光泽和色彩也就成了汽车漆面美容的主要目的。

【学习目标】

目标名称	目标内容
知识目标	1. 了解漆面封釉的目的
	2. 了解汽车封釉的操作流程
	3. 掌握漆面镀膜的作用
	4. 熟悉汽车漆面镀膜的工艺
技能目标	1. 会正确使用漆面镀膜的操作工具
	2. 掌握漆面镀膜的注意事项
	3. 能够正确选用漆面镀膜产品进行规范漆面镀膜作业

【知识准备】

一、汽车漆面封釉

汽车封釉就是经过多道工序处理以后，在车漆表面形成一层涂层的保护膜，具有隔紫外线、防氧化、抵御高温和酸雨的功能。汽车封釉之后可以达到提升光泽度、硬度的效果。

1. 汽车封釉的作用

汽车封釉是用去污黏土在漆面仔细擦拭，粘除沙尘、油污。接着用静电轮配合增光剂，除去汽车漆面附着的杂物和氧化的层面，使细微的伤痕拉平填满。同时使药剂渗进车漆内发生还原变化，达到增艳如新的效果。然后再用专用振抛机将类似釉的保护剂通过振动挤压进入漆的毛孔内，配合红外线灯的照射，使之形成如同网状的牢固保护层，其内部富含 UV 紫外线剂，可以大大降低紫外线对车漆的损伤，并能防酸碱等化学成分的腐蚀。

2. 汽车封釉的操作流程

步骤一：洗车

步骤二：除蜡

1) 清洗车身并去除沥青或蜡层等脏物（用除蜡水除蜡）。
2) 用专业洗车液洗净车上残液与残蜡。

步骤三：抛光以及抛光过程

1) 海绵抛光盘浸湿，安装在研磨机上，空转 5s，将多余水分甩净。
2) 把研磨剂摇匀，倒在海绵抛光盘上少许，用抛光盘在漆面上涂抹均匀。
3) 调整研磨机转速至 1800~2200r/min，启动研磨抛光机，沿车身方向直线来回移动，抛光盘经过的长条轨迹之间相互覆盖 1/3，不露大面积漆。
4) 在抛光时应不断保持抛光盘和漆面处于常温状态，在漆面温度升幅超过 20℃时对研磨的漆面喷水降温。
5) 对于车身边角不宜使用研磨抛光机的位置，采用手工方法抛光，用干毛巾蘸抛光剂抛光。把整个车身有漆面的地方全部做完，包括喷漆的保险杠，注意此处温度不宜过高。注意边角、棱角，不要用力抛，因为这些地方漆膜较薄。
6) 漆面抛光后，用纯棉毛巾将整车清洁干净。

抛光部位顺序：按右车顶—右前发动机舱盖—左前发动机舱盖—右前翼子板—右前车门—右后车门—右后翼子板—行李舱盖的顺序研磨右半车身，按相反顺序研磨左半车身。做车顶时可打开车门，在门边垫毛巾，踩在门边上操作。

要点：要控制抛光盘的转速和湿度，注意漆面的温度和边角棱角。

质量标准：漆面色泽一致；和抛光前相比，亮度有明显改善，接近于新车；出现自然光泽，用报纸在漆面上看倒影清晰。

注意事项：控制抛光机的转速，不可超过选定速度的范围；保持抛光方向的一致性，应有一定的次序；要换抛光剂的同时更换海绵轮，不可混用海绵轮。

漆面抛光的技术施工标准如下：

1) 在阴凉、光线好的专业美容车间进行抛光。（避免风沙落在漆面造成划伤。）
2) 所有抛光盘应在使用前清洗干净、平整，确保没有残留的颗粒。使用后，应马上清洗干净，放在阴凉处风干。
3) 抛光剂在使用前用力摇匀，以保持良好的作用。
4) 穿专业的工服进行抛光（施工人员不可戴容易刮花车漆的装饰品，服装不可带纽扣）。
5) 漆面抛光后，应光亮如新，细腻光滑。
6) 交车前，车表及边角缝应干净，无灰尘，无露白现象。

步骤四：封釉

第一遍封釉，将产品充分摇动均匀，直接将产品倒在车身上，常温工作，不要在阳光直射下，车身（发动机舱）降温后最佳。用干净的软布，轻快而有力地"划圈"，直到镜靓釉消失并出现光泽。手压力越大，去污渍力越强，油漆面氧化层去得越清，漆就越有光泽，附着力越强，这一步可选择封釉机上釉，效果最佳。

要点：不要在阳光下操作。

质量标准：缺少视觉上的深层次的倒影和看上去没有一层薄薄的膜的感觉，只有手感上有极度光滑的感觉。

项目三 汽车漆面美容

第二遍封釉

重复第一遍，10~20min 干燥后，将其擦掉，镜靓釉效果立即呈现。

质量标准：视觉上有深层次的倒影和看上去有一层薄薄的膜的感觉，手感极度光滑。

注意要点如下：

1）执行漆面抛光的施工技术标准。

2）封釉时，漆面应干净干燥。

3）封釉应分块进行，保证镜面釉在漆面上稍干未干的状态就进行振抛。

4）不得在全车漆面涂抹后再进行振抛。

5）封釉后，漆面上应明显感觉有硬膜的效果。

6）全车封釉后，擦净车表和边角缝里的釉粉。

3. 汽车漆面封釉的注意事项

1）封釉后 8h 内切记不要用水冲洗汽车，因为在这段时间内，釉层还未完全凝结，将继续渗透，冲洗将会冲掉未凝结的釉。

2）做完封釉美容后尽量避免洗车，因为产品可防静电，因此一般灰尘用干净柔软的布条擦去即可。

3）做了封釉美容后不要再打蜡，因为蜡层可能会黏附在釉层表面，在追加上釉时会因蜡层的隔离而影响封釉效果。

二、汽车漆面镀膜

车漆镀膜就是在漆膜表面涂镀一层硬度高、弹性好、抗氧化的保护膜。汽车镀膜后的漆面抗氧化、耐磨损、耐腐蚀、抗高温性更强，且膜层分布更加均匀、细腻，硬度更高、亮度更持久。将车漆变成了一个连续的表面，整体漆表密度增加。镀膜后车表出现光亮持久、手感如丝、雍容华贵的理想效果。泛出阳光镀在水面上的特有的光芒。

1. 镀膜的作用

汽车镀膜具有如下作用：

1）汽车镀膜具有抗氧化、防老化的作用，施工后在车漆表面形成坚硬的无机（二氧化硅玻璃晶体）镀膜层，与车漆紧密结合，提高漆面硬度和平滑度，将漆面与空气完全隔绝，并且无外力因素永不脱落。

2）能够大大提高车漆表面清漆的光泽度，使车漆看上去更加鲜艳、光彩夺目。

3）耐腐蚀。坚硬的非有机（玻璃晶体）膜层自身不会氧化的同时也防止外界的酸雨、飞虫、鸟粪等对车漆的腐蚀致密的玻璃晶体膜具有超强耐蚀性，镀膜能有效防止酸雨等腐蚀性物质对车漆造成的损害，同时防止车漆的褪色。

4）耐高温。玻璃晶体本身具有耐高温的特质，能有效反射阳光将外部的热辐射进行有效反射，防止高温对车漆的伤害。

5）防划痕。坚硬的非有机（玻璃晶体）膜层可以将车体表面的硬度提高到7H，远高于车蜡或釉2H~4H 的硬度，能更好地保护车漆不受沙粒的伤害。

6）易清洗。电离子镀膜具有超强的自洁性和拨水性，不易黏附灰尘、污渍，清洗时只用清水即可达到清洗的效果，使车辆保持高清洁度和光泽度。

7）超持久。强大的韧性和延伸性，通常保护车漆表面亮度，形成镜面效果两年以上，远远超过打蜡和封釉。

8）超环保。使用水溶环保材料，自身不氧化，更不会对车漆造成二次污染，而传统的打蜡封釉项目对车漆容易造成二次污染。

9）超强的拨水性。坚硬的非有机（玻璃晶体）膜层表面氟素处理后具有超强的拨水性，使水落在车体的瞬间收缩成水珠滑落，有效地防止水垢的形成。

2. 镀膜注意问题

镀膜对于施工工艺和工具有着苛刻的要求。如果不能采用专用工具按照流程实施，很难达到完美的施工效果，需从以下四个工艺要点来区别真假镀膜：

1）岩净泥——去除铁粉专用。铁粉可以说是车主最容易忽视，但也是对漆面危害最大的一种物质。行车中的金属件磨损，导致空气中充斥了大量的金属粉尘。汽车行驶时，因前进冲力的作用，铁粉会直接刺入漆面。由于铁的分子结构不稳定，很容易被氧化，它会与漆发生氧化共鸣（同时发生化学反应）。车漆中的铁粉用普通的方法无法去除，而且在抛光的时候还容易混入抛光剂加重漆面的二次磨损。

2）透影灯——用以辅助处理漆面氧化层及微划痕。透影灯用于镀膜相当于无影灯用于外科手术，虽然它不能直接消除漆面的微划痕和氧化层，却能照出微划痕来辅助技师的施工。

3）立式抛光机——1500r/min左右对车漆损害最小。传统的卧式抛光机一般转速在4000r/min左右，用力稍控制不均匀，就会对漆面造成较大的伤害。而且卧式抛光机体积大、重量重，车体的翼子板下沿很难进行施工。立式抛光机1500r/min左右的低速抛光，对车漆危害最小，且能保证所有部位的效果均匀、细腻。

镀膜之前，需要对车漆进行有效的划痕处理：

1）如果是旧车，漆面上会有很多的划痕，那就需要抛光处理。

2）如果是新车，可以直接做施工，一般的镀膜，除非漆面情况特别恶劣，一般情况下也可以不做前期处理，当然，相对来说肯定是做完处理后效果会更好一点。

3）镀膜工时，新车3~4h——3种系列材料依次施工。顶级的镀膜需要3种材料依次上膜，完整的工艺流程新车需要3~4h，而旧车需要4~5h。而非专业镀膜草草了事，可能仅仅需要1~2h。

3. 汽车漆面镀膜的优点

（1）防水强　汽车镀膜的表面是经过氟素处理之后，具有超强的防水性。在水落入汽车表面的时候，这些水会像荷叶般，把水缩成粒粒的水珠，防止形成水垢，对车漆造成污染。

（2）耐高温　汽车镀膜是由玻璃晶体制作而成的，可以在炎炎夏日，起到很好地将阳光以及辐射反射出去的作用，从而做到了耐高温，防止高温对车漆的损害。

（3）防刮痕　在前面讲汽车镀膜是什么的时候，提到过它是由非有机镀膜组成的，无机镀膜可以大程度地提高车身的强度，进而可以大程度地减少人为或者沙粒对车身造成的刮痕。

（4）耐腐蚀　汽车镀膜不仅不会被氧化，还能抵抗酸雨、飞虫对车漆的腐蚀，从而防止褪色和损伤。可见其防腐性能极高。

（5）防氧化　汽车镀膜可以防止漆面老化和氧化。它可以将车漆和空气完全隔绝起来，从而起到防氧化、防掉色、防脱漆的作用。

4. 汽车镀膜产品

（1）树脂类镀膜产品　树脂类镀膜产品的特点是成膜性好、附着力强、价格便宜而被广泛应用，但其硬度与光泽度不好，同时抗氧化性能、耐蚀性及耐候性都很差，因此逐渐被淘汰。

（2）氟素类镀膜产品　氟素类镀膜产品的特点是成膜性好，耐蚀性、耐候性、耐磨损的性能都非常优越。但其最大的缺点是附着力差，几乎所有物质都不与特氟龙漆膜黏合。因其无法与漆面长期附和，所以使它的保护时间就变得非常短。

（3）玻璃纤维素镀膜产品　玻璃纤维素是一种化学高分子材料，因为其具有高密度的化学特性，所以被应用在汽车美容领域。此类产品的主要成分是聚硅氧烷，成膜后会形成SiO_2俗称玻璃，因此也叫作玻璃质的镀膜。玻璃纤维素镀膜具有光泽度高、抗氧化、耐酸碱、抗紫外线的特点，用来给漆面镀膜后，漆面光泽度很好，并把漆面与外界隔绝开，起到了较好的保护作用。其缺点是，不能提高漆面硬度，不能抵御物理性损伤漆面。原材料成本高昂，同时施工工艺相对复杂。

（4）无机纳米镀膜产品　无机纳米镀膜是近几年出现的镀膜新材料。它采用进口原料和先进的纳米交联反应新技术，由纳米无机材料配制而成，纳米材料独有的特性能给车漆提供完美的保护。它的主要成分为纳米氧化铝、纳米氧化硅；纳米级别的粒子为球形，润滑性极高，因此施工后漆面手感极其润滑。而氧化铝、氧化硅是天然宝石、水晶的主要成分，因此膜层的硬度、耐磨性极高，而且本身非常稳定，长期不氧化。能长效保持漆面的镜面效果，因此也称为"液体水晶"。该镀膜最大的特点就是，不但能隔绝漆面与外界的直接接触，起到防氧化、防水、防高温、防紫外线、防静电、防酸碱等基本作用，还能大大提升漆面的硬度和光泽度，这是其他汽车镀膜所欠缺的功能。

5. 汽车镀膜与封釉的区别

（1）产生效果不同　汽车封釉是从车蜡衍生出的新概念，是一种从石油副产品中提炼出来的石油制品。并通过专用的振抛机把釉压入车漆内部，形成网状的牢固保护层，由于通过动力工具施工，其填充效果和最终的镜面效果和持久性和打蜡相比都有比较好的提升。

（2）原料选用不同　"釉"与蜡都是从石油中提炼的，加上一些辅助原料制成。受原料所限，容易氧化，不持久的问题无法解决。所以新的镀膜采用不氧化原料及稳定的合成方式（二氧化硅材质）、植物及硅等环保又稳定的原料来提炼合成。避免了在车漆表面造成"连带氧化"的问题，并可长期保持效果。

（3）养护理念不同　封釉与打蜡的养护理念是将"釉"或"蜡"加压封入车漆的空隙中，与车漆结合到一起。优点是与车漆融为一体，增亮效果明显。由于它们自身的易氧化性，会连带漆面共同氧化。导致漆面发污，失去光泽。为了避免这个缺陷，镀膜采用和漆面的化合键结合：以透明"膜"的形式附着在漆面，避免漆面受外界损伤。同时也避免了保护剂本身对车漆的影响，长期保持车漆的原厂色泽。由于膜层本身结构的紧密，很难破坏，使得它可以大幅度降低外力对漆面的损伤。

（4）操作工艺的不同　原料及理念的差异，必然造成工艺上的区别："釉"和"蜡"因为要与漆面充分结合，所以附着方式要用高转速的研磨机把药剂加压封入漆面（所以称为封釉）。这种压力同时作用在漆面上，经常会造成漆面损伤。镀膜采用了温和的涂抹及擦拭的附着方式：靠膜本身的分子结合力附着在漆面上，避免损伤车漆。

汽车镀膜的步骤

一、场地、设备、工具和材料准备

汽车镀膜的场地、设备和工具见表3-6。

表3-6 汽车镀膜的场地、设备和工具

序号	场地、设备、工具	图例
1	镀膜场地	
2	洗车工具	
3	清洁用品	
4	研磨、抛光、还原用品	
5	镀膜用品	

项目三 汽车漆面美容   47

二、任务实施步骤及要求

汽车漆面镀膜步骤见表3-7。

表3-7 汽车漆面镀膜步骤

步骤	操作内容	操作示意图	技术要求
1	洗车		严格按照汽车清洗步骤和要求进行,汽车清洗后要求车漆表面没有水痕,各部件接缝处无污垢、水渍
2	洗车泥洗车		洗车泥具有细、黏的特点。反复擦洗,可以擦入车体因氧化而产生的细孔、斑状。可以粘除车体上的自然氧化、水垢、鸟(虫)粪便、铁粉、酸雨、树胶以及不当护理的残留物质。可以在不损伤车漆的情况下,清除漆面的有害残留物质
3	粘贴美纹纸		将塑料件、橡胶件、凸起件、难清洁件和其他可能受损且无法恢复的部件进行粘贴保护
4	漆面的还原处理		经过对车漆表面进行研磨、抛光和还原,去除车漆表面的细微划痕

（续）

步骤	操作内容	操作示意图	技术要求
5	摘除美纹纸并再次清洗汽车，对车漆表面进行脱脂		把脱脂剂喷向专用海绵至捏出泡沫，再按顺序把脱脂剂喷向漆面，边喷边用海绵按先横后竖轻柔均匀地全面擦拭整个漆面，最后再用下围海绵擦拭下围
6	镀膜		漆膜：将专业镀膜巾按照横向纹理方向包裹在专用镀膜垫块上，将车身水晶镀膜剂摇匀，将其均匀涂在镀膜巾上。先横向再纵向按分块涂抹在车漆表面。镀膜剂打开请尽快施工，避免膜剂接触空气时间过长在瓶内结晶。将镀膜剂均匀涂在镀膜巾上，以免干燥部分对车漆造成划痕 擦膜：用专用超细纤维毛巾先横向再纵向擦拭刚刚镀过膜的漆面，擦匀擦亮。用力均匀，避免产生划痕，等待时间不要超过3min，以免膜液开始结晶
7	贴镀膜品牌标志并进行全面检查		对漆面进行全面检查，漆面镀膜后2h内不要沾水，7天内不要洗车，以达到镀膜的最佳光亮效果

项目四 汽车漆面修复性美容

任务一 汽车漆面修复

【任务导入】

汽车在日常使用中总是不断地遭受环境污染的侵袭，沥青、树粘胶、石灰、水泥、鸟粪等黏附于汽车漆面上，时间久了不仅使汽车显得没有光泽而失去生气，而且还会渗透到车漆中，增加潜在的危害性。比如：清晨的雾水看似干净，但是落在漆面上的露珠会吸纳很多的灰尘和杂质，当露水受热蒸发掉水分后，粉尘变干就会直接黏附在漆面上。阳光中强烈紫外线的长期照射，秋季风沙的侵袭，夏冬季节雨雪的腐蚀等都会伤害车身漆膜，使漆面出现失光、划痕、异色斑点，甚至龟裂。对汽车车身漆面进行美容护理可以最大限度地避免上述原因造成的伤害。

【学习目标】

目标名称	目标内容
知识目标	1. 了解汽车漆面修复的目的
	2. 了解汽车涂料的种类和特点
	3. 掌握汽车喷枪的使用方法
	4. 熟悉汽车漆面修复工艺
技能目标	1. 会正确使用漆面修复工具
	2. 掌握漆面修补质量的评价方法
	3. 能够正确选用涂装工具进行规范汽车漆面修复作业

【知识准备】

一、汽车漆面的基本知识

1. 涂料的分类

（1）根据涂料中的主要成膜物质进行分类　涂料主要可分为油性涂料和合成树脂涂料两大类。根据国家标准，以涂料基料中主要成膜物质为基础的分类方法，若主要成膜物质为混合树脂，则按在漆膜中起主要作用的一种树脂为基础作为分类依据。据此分类方法，将涂料产品分为17大类，见表4-1，由于第17类为其他漆类，故一般认为分16大类。

表 4-1 汽车涂料分类

序号	代号	类别	主要成膜物质
1	Y	油脂漆类	天然植物油、清油（熟油）、合成油
2	T	天然树脂漆类	松香及衍生物、虫胶、乳酪素、动物胶、大漆及衍生物
3	F	酚醛树脂漆	改性酚醛树脂、纯酚醛树脂
4	L	沥青漆类	天然沥青、石油沥青、煤焦沥青
5	C	醇酸树脂漆	甘油醇酸树脂、季戊四醇醇酸树脂，其他改性醇酸树脂
6	A	氨基树脂漆	三聚氢胺甲醛树脂、聚酰亚胺树脂
7	Q	硝基漆类	硝基纤维素、改性硝基纤维素
8	M	纤维素漆类	乙基纤维、苄基纤维素、羟甲基纤维、醋酸纤维、醋酸丁酸纤维、其他纤维及醚类
9	G	过氧乙烯漆类	过氧乙烯树脂、改性过氧乙烯树脂
10	X	乙烯漆类	氯乙烯共聚树脂、聚醋酸乙烯及其共聚物、聚乙烯醇、聚二乙烯乙炔树脂、含氟树脂
11	B	丙烯酸漆类	丙烯酸树脂、丙烯酸共聚物及其改性树脂
12	Z	聚酯漆类	饱和聚酯树脂、不饱和聚酯树脂
13	H	环氧树脂漆类	环氧树脂、改性环氧树脂
14	S	聚氨酯漆类	聚氨基甲酸酯
15	W	元素有机漆类	有机硅、有机钛、有机铝等元素有机聚合物
16	J	橡胶漆类	天然橡胶及其衍生物、合成橡胶及其衍生物
17	E	其他漆类	未包括在以上所列的其他成膜物质

（2）根据固化机理分类

1）溶剂挥发型。该类涂料是靠溶剂的挥发而干燥成膜的，涂料自身不会发生化学反应。如硝基漆、过氯乙烯漆、乙烯树脂漆、纤维素漆、丙烯酸漆等。

2）氧化固化型。该类涂料的干燥主要是在常温空气中，靠自身的氧化和聚合反应而形成坚硬的漆膜，如油脂漆、天然树脂漆、酚醛树脂漆、沥青漆、醇酸树脂漆等。

3）热固化型。该类涂料的干燥是靠成膜物质在高温作用下起反应而固化成膜的，如氨基树脂漆、热固性丙烯酸漆、热固性环氧漆等。

4）双组分固化型。该类涂料的两种活性组分分开包装，施工时将两种活性组分按比例混合，活性基团交互反应而固化成膜。一般以常温干燥为主，也可低温（60～70℃）烘烤固化成膜。双组分涂料的干燥速度及漆膜性能与环境温度和固化剂的加入量有关，若固化剂加入量过多，则某些涂料的干燥速度反而降低，而且漆膜脆性大，因此必须按规定比例配制。该类涂料有环氧漆、聚氨酯漆、有机硅漆和橡胶漆等。

5）催化固化型。该类涂料主要依靠包括有机过氧化物、氨蒸气和湿气的催化物质固化成膜。该类涂料有湿固型有机硅改性丙烯酸树脂涂料、过氧化物引发固化丙烯酸树脂涂料、氨蒸气固化聚氨酯树脂涂料等。

（3）根据涂料的成分中是否含有颜料分类

1）清漆。涂料成分中没有颜料或体制颜料的透明体。

2）色漆。涂料的成分中加有颜料和体制颜料的有色漆。

3）原子灰。加有大量体制颜料的稠厚浆状体。

（4）根据溶剂构成情况分类

1）无溶剂涂料。涂料组成中没有挥发性稀释剂。其中，呈粉末状的称为粉末涂料。

2）溶剂涂料。涂料组成中以一般有机溶剂为稀释剂。

3）水性涂料。涂料组成中以水作为稀释剂。

2. 涂料的组成

汽车涂料一般由成膜物质（树脂）、颜料（包括体制颜料）、溶剂和添加剂四种基本成分组成。

（1）树脂　树脂是涂料的基本成膜物质，是涂料的基础，因此称为基料或漆基。涂料的基本物理力学性能大都是由树脂自身的特性决定的。树脂的作用是使涂料具有一定的硬度、耐久性、弹性和附着力等，并具有一定的保护与装饰作用，如耐水、耐酸碱、耐各种介质、抗石击、抗划伤、光泽等。

树脂来源可分为三大类：第一类是自然界的天然树脂，如松香、虫胶、生漆等；第二类是用天然高分子化合物加工制得的人造树脂，如改性松香、纤维素衍生物、橡胶衍生物等；第三类是化工原料合成树脂，如丙烯酸树脂、醇酸树脂、聚氨酯树脂、环氧树脂等。成膜树脂通过物理、化学改性后，可以提高漆膜的耐久性、附着力、耐蚀性、耐磨性和韧性。

（2）颜料　颜料是涂料中不挥发物质之一，它赋予面漆色彩和耐久性，起着美观装饰的作用，同时使涂料具有遮盖力，提高强度和附着力，改变光泽，改善流动性和涂装性能。颜料分为着色颜料、体制颜料和防锈颜料三类。

1）着色颜料是涂料中使用品种最多的一类，其作用主要是着色和遮盖物面。另外，它还能提高漆膜的耐久性、耐候性和耐磨性。其色彩还要鲜艳、美丽，具有良好的着色力和遮盖力，且对光和热有较好的稳定性，在一定时间内不变色。

2）体制颜料大多具有良好的耐化学性、耐候性和耐磨性。色漆中与其他颜料配合使用，可以增加漆膜的厚度，增强漆膜的机械强度，使漆膜经久耐磨，还可以改善涂料的流平性或增加漆膜的抗老化性等。大量体制颜料还用于厚漆、原子灰中。在涂料工业中，使用较为普遍的体制颜料有碳酸钙、滑石粉、重晶石粉等。

3）防锈颜料具有优良的防锈性能，可以防止金属锈蚀，延长机械的使用寿命。其品种有铝粉、红丹、锌粉、铬黄等。

（3）溶剂（稀释剂）　溶剂是涂料中的挥发成分，其主要作用是能够充分溶解涂料中的树脂，使之容易输送；降低涂料黏度，使之喷涂施工时具有良好的雾化性能；当涂料喷涂于基材表面凝聚成膜后具有适当的挥发速度，使之有足够的流平时间，以形成平整光滑的涂层。常用的溶剂有：烃类溶剂，如松香水、汽油、苯、二甲苯等；醇类溶剂，如乙醇、丁醇等；酯类溶剂，如醋酸乙酯、醋酸丁酯等；酮类溶剂，如丙酮、环己酮、甲乙酮等；醇醚类溶剂，如乙二醇、单乙醚等；氯化烃类溶剂和水。

（4）添加剂　虽然添加剂在涂料中的质量不超过5%，但它们起着各种作用：有能加速干燥并增强光泽的加速剂；有能减缓干燥速度的缓凝剂；还有能减弱光泽的消光剂。有些添加剂起的是综合作用，能减少起皱、加速干燥、防止发白、提高耐化学物质的能力等。

3. 漆面涂层的组成

（1）汽车原厂涂料与修补涂料　汽车原厂涂料是指汽车制造厂在汽车出厂前统一涂装所使用的涂料，汽车修补涂料是指对汽车原厂漆膜进行修补时所使用的涂料。汽车制造厂对整车金属进行喷涂时，因车身没有其他塑料附件，加上喷涂作业在涂装生产线上控温环境下进行，故一般选用高温烘漆。而汽车修补是对车身表面因事故损伤或因使用多年涂层老化（如开裂、变色、失光、粉化等）进行的恢复性涂装，被涂装的车型、形状和颜色等都各不相同，基本都是手工作业，为保护车身塑料附件不受破坏，一般应选用自干型涂料，若需烘干，其烘烤温度最高不得超过60℃。

汽车修补涂装大多为局部修补，为了使修补面与原涂层的外观、光泽和颜色基本一致，在涂料调色时，必须考虑到汽车的颜色、面漆的质地、面漆的状况以及一些潜在的因素。因此对修补涂料的使用操作提出了更高的要求，操作人员应具备丰富的实践经验和很高的操作技能。

（2）汽车修补涂层的组成　汽车修补涂层可分为三层，即底层涂料、中间层涂料和面层涂料。

1）底层涂料。底层涂料通常称为底漆，是直接涂布在经过表面预处理的物体表面的第一道漆。汽车修补涂装中，底层涂料既可用于裸露金属表面，也可以用于覆盖旧漆面。其主要功能是牢固附着于物体表面，为整个漆膜提供牢固的基础，使其与被涂装物结合成为一体。当底层涂料直接涂布于金属表面时还能增进其耐腐蚀能力。

2）中间层涂料。中间层是指界于底漆层与面漆层之间的涂层。中间层的主要功用是改善被涂装工件表面和底漆涂层的平整度，为面漆层提供良好的基底，还能提高面漆涂层的装饰性（亮度和丰满度），提高整个漆膜的抗石击性。在汽车修补涂装中，主要靠中间层来平整被修补表面，消除缺陷和封固被涂装面。

3）面层涂料。面层涂料通常称为面漆，是汽车多层涂装中最后涂层用的涂料。面漆使车辆具有色彩、光泽、光滑及其他装饰的特点。此外，面漆又起保护作用，使车的上述特点在阳光、雨水、鸟粪等各种外部条件的影响下经久不变。

二、汽车漆面涂装设备与工具

1. 空气压缩机

空气压缩机简称为空压机，是将空气的压力从普通的大气压升高到某一更高的压力值的设备，其功用是提供压缩空气。汽车涂装作业中，除了喷漆需要用压缩空气之外，所有的气动工具和设备都要利用有一定压力和流量的压缩空气作为动力。

2. 喷枪

喷枪是利用压缩空气的压力使液体雾化，形成雾状射流，从而将油漆和其他液状材料喷涂到被涂物面上。雾状化的油漆在喷流中分裂成微小而且均匀的液滴喷在汽车表面上，形成薄厚均匀具有光泽的薄膜。

（1）喷枪分类　喷枪种类很多，用途各不相同。按供漆方式可分为虹吸式、重力式和压送式，按喷嘴类型可分为对嘴式、单嘴式和扁嘴式，按雾化机理可分为内部混合式和外部混合式，按用途可分为本色漆喷涂用喷枪和金属闪光漆专用喷枪。

1）虹吸式喷枪（图4-1）。虹吸式喷枪的涂料杯位于喷枪嘴的后下方，喷涂时利用气流作用，将涂料吸引至上方，并在喷嘴处由压力差而引起漆雾。它的工作过程是涂料放在漆杯里，漆杯连到喷枪上。扳机扳动一半时空气阀先打开，压缩空气流过喷枪，从气帽上的孔中喷出，在喷漆出口处形成真空，继续扳动扳机，使顶针离开喷嘴内座，真空将涂料从漆杯中吸出，送入进漆口，从喷漆嘴喷出。空气从气孔中进入漆杯，填充在被吸出去的涂料的位置上。

2）重力式喷枪（图4-2）。重力式喷枪涂料靠自身的重力与涂料喷嘴前端形成的负压作用从涂料喷嘴喷出，并与空气混合雾化的一种喷枪，涂料罐位于喷枪的上部。

3）压力式喷枪（图4-3）。压力式喷枪的喷嘴与气帽正面平齐，不形成真空。涂料被压向气帽，压力由一个独立的压力罐提供。压送系统的连接方法是：输气软管从压力罐上的气压调节装置出口接到喷枪进气口上，主输气软管从调压阀连至压力罐的调压阀入口，输气管从压力罐的出气口连至喷枪进气口。

  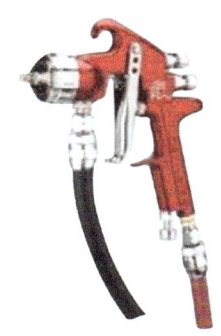

图 4-1　虹吸式喷枪　　　　图 4-2　重力式喷枪　　　　图 4-3　压力式喷枪

(2) 喷枪的操作　喷枪操作的基本要领是手握喷枪柄，以食指与中指两指稍微压扣扳机，压缩空气阀门首先打开，压缩空气沿管道到达喷嘴，喷出气流，这时由于针塞套筒未打开，气流可用于吹去涂装面的灰尘，再向后压扣扳机，针塞后移打开喷料嘴，由于高速气流使漆道内形成负压，而漆罐内由于大气压的作用，使涂料吸至喷嘴口，随同气流扩散成微粒的雾状喷向涂面而形成漆膜。在喷涂操作中，喷涂气压、喷涂的距离、喷枪移动速度、喷涂路线、喷涂角度等操作技术，对漆膜的质量和物面的美观都有直接的影响。

1) 正确调整喷涂气压。喷涂气压的高低，对喷涂质量影响很大。气压过高，漆雾不够湿润，易造成喷涂后漆膜光泽不足；气压过低，会造成漆雾粒粗且易产生流痕。因此喷涂时应正确调整气压，一般 0.4~0.6MPa 为宜。

2) 正确调节喷雾形状。喷枪的喷雾形状可通过雾形控制钮进行调节，改变出气孔通路的开度，还可以调整扇形漆雾的扇面宽度，控制阀完全打开时，喷嘴两侧出气孔喷出的气流量大，此时喷出的漆雾扇面也最宽，反之扇面变窄。

(3) 正确掌握喷涂距离　喷涂距离应适中，过近或过远都将造成不良后果。

(4) 灵活掌握喷枪移动速度　喷枪的移动速度应根据涂料干燥速度来确定。一般干燥较快的涂料（如硝基漆）喷枪移动速度以 20~40cm/s 为宜；干燥较慢的涂料，喷枪移动速度应适当加快，以 40~80cm/s 为宜。过快会使漆膜粗糙无光，过慢会使漆膜过厚而发生流痕。另外，在喷涂中还应考虑到喷涂环境温度、涂料的黏度及喷出漆量等因素，灵活掌握喷枪移动速度。无论速度快慢，都要保持移动速度均匀。

(5) 保持垂直喷涂角度　无论被涂物面是平面、垂直面、斜面还是侧面，喷涂的喷雾流应始终与被涂面保持垂直，如图 4-4 所示。

(6) 正确选择喷涂路线　喷涂路线应根据涂料品种和物件几何形状等因素确定，一般包括以下几种喷涂方法：

1) 横向喷涂。喷涂图案呈直状，右手掌握喷枪，从操作者左上侧开始，从左向右进行。当行至一个接面的距离时（距离由个人掌握，一般为 800~1000mm 为宜），迅速向下向左往返进行。接面一般为 1/2、1/3、1/4，可根据涂料品种自行掌握。当喷完一个面积时再按顺序喷另一个面。根据习惯，也可以从相反方向进行，即从操作者右下侧向上喷涂。

2) 纵向喷涂法。其方法和横向喷涂法相似，只是喷枪嘴图样改为水平方向，喷枪从左上方或右上方往下往返运行。也可以从右下方或左下方往上往返运行。

3) 纵横交叉法。喷涂时第一遍纵向往返喷涂，第二遍时横向往返喷涂，每遍都要改变图样的方向。

4) 横向双重法和纵向双重法。喷涂方向不变，第一遍喷完后，再按原来的方法喷涂。

以上各种操作方法应根据涂料的品种进行选用。

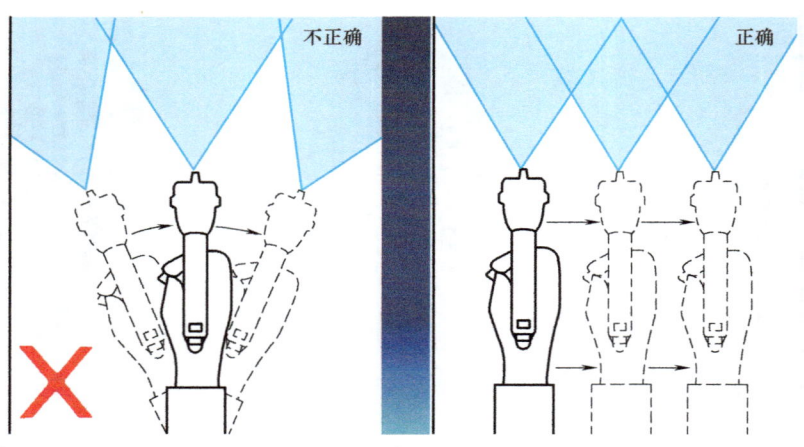

图 4-4 喷涂角度

汽车漆面修补流程

一、场地、设备、工具和材料准备

汽车漆面涂装场地、设备和工具见表 4-2。

表 4-2 汽车漆面涂装场地、设备和工具

序号	场地、设备、工具	图 例
1	涂装场地	
2	劳保用品	

项目四　汽车漆面修复性美容

（续）

序号	场地、设备、工具	图　　例
3	清洁用品	
4	遮蔽工具	
5	涂装设备和工具	

二、任务实施步骤及要求

汽车漆面修补步骤见表4-3。

表4-3　汽车漆面修补步骤

步骤	操作内容	操作示意图	技术要求
1	车漆损伤确认		确定需修补的范围，对比确认车身颜色与色号
2	清洁		使用清洁剂清洁表面

（续）

步骤	操作内容	操作示意图	技术要求
3	遮蔽		——
4	打磨		使用偏心打磨机，配合P180~P240号砂纸，将受损区域研磨最多至裸金属
5	清洁		使用除硅清洁剂清洁表面
6	遮蔽		遮蔽相关区域，以便喷涂底漆
7	喷涂底漆		使用底漆喷涂裸露金属表面，闪干15~20min
8	喷涂中间漆		喷涂中间漆，喷涂2~3道

项目四　汽车漆面修复性美容　　57

（续）

步骤	操作内容	操作示意图	技术要求
9	红外干燥		根据产品技术要求，进行红外干燥
10	涂抹碳粉指示层		涂抹碳粉指示层
11	打磨		使用P400~P500号砂纸打磨中间涂层
12	打磨至哑光		使用适当砂纸，打磨修补区域
13	清洁		使用清洁剂进行清洁
14	调色		查询配方并调色

（续）

步骤	操作内容	操作示意图	技术要求
15	清洁		使用专用粘尘布进行清洁
16	喷涂色漆		喷涂 1.5 道色漆
17	喷涂清漆		色漆闪干后喷涂清漆
18	干燥		根据技术要求进行干燥

任务二　常见漆膜缺陷及处理

【任务导入】

在汽车涂装过程中，漆膜缺陷会影响车身的合格率，涂装过程中产生的漆膜缺陷，一般与被涂物表面的状态、选用的涂料、涂装方法及操作、涂装工艺及设备和涂装环境等因素有关。

项目四　汽车漆面修复性美容

【学习目标】

目标名称	目标内容
知识目标	1. 了解常见的漆膜缺陷
	2. 掌握漆膜产生缺陷的原因
	3. 掌握漆膜缺陷的处理工艺
技能目标	1. 能够正确区分漆膜缺陷
	2. 能够正确地选用工具进行漆膜缺陷处理

【知识准备】

一、酸蚀

（1）现象　如图4-5所示，漆膜出现粗糙斑痕，其边缘因酸蚀陷进漆膜内，有时颜色变异并感觉凹凸不平。有时由于化学品对油漆中颜料的腐蚀导致漆面呈"点"状颜色差异。

（2）产生原因　鸟屎、昆虫、落叶或树液、工业释放物。

（3）处理方式

1）立即从漆面清除上述物质。

2）抛光或打蜡后再抛光，严重时要打磨重喷。

二、条纹

（1）现象　如图4-6所示，漆膜颜色的深浅差异，常呈平行状。通常发生在面漆上，以银粉和珍珠漆为甚。

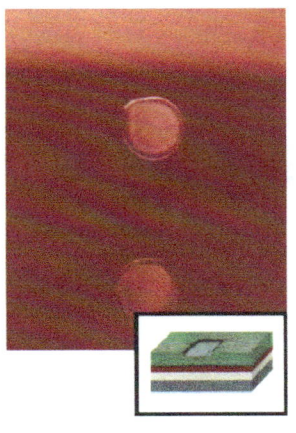

图4-5　酸蚀

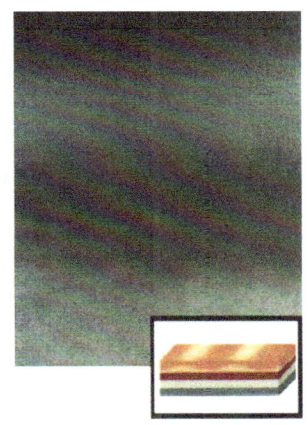

图4-6　条纹

（2）产生原因

1）喷枪喷幅扇面边缘油漆太多而中部油漆太少。

2）气压太强，喷幅分裂（空气阀过脏）。

3）喷涂时重叠不均匀。

(3) 处理方式

1) 按照厂商要求稀释油漆，调节喷枪压力及/或调窄喷涂扇面。
2) 喷涂时保持50%的重叠。
3) 喷涂时始终保持一致的距离。
4) 若条纹已出现，漆面干透后，重涂一层，保证用正确的稀释比例。

三、原子灰渗色

(1) 现象　如图4-7所示，经过施喷面漆后，在使用原子灰的地方，表层颜色会发生变化，通常的表现为颜色较周围浅。尤其是浅蓝和浅绿的银粉底色漆容易发生这种现象。

(2) 产生原因
1) 原子灰中固化剂过多，固化剂中的氧化物漂白颜料导致颜色不均。
2) 原子灰质量较差。

(3) 处理方式
1) 参照说明正确调兑原子灰。
2) 坚持使用质量好的原子灰。
3) 若渗色已经发生，打磨表面油漆并重涂。情况严重时可能要除去原来的原子灰重新修补。

四、起泡

(1) 现象　如图4-8所示，漆面表面产生不规则的起泡情况。

图 4-7　原子灰渗色

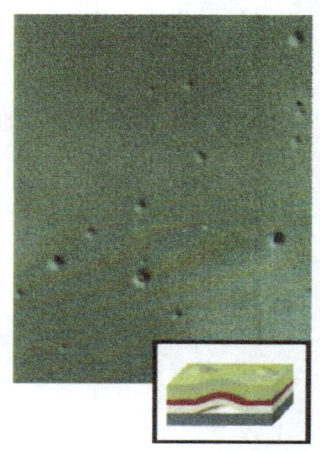

图 4-8　起泡

(2) 产生原因
1) 不恰当地清洁及准备工作。
2) 来自于供气管道，车间工具及原来修补区的污染。

(3) 处理方式
1) 清洁所有表面并喷涂彻底，彻底清除蜡、油脂及抛光剂等物质。
2) 确保经常排放压缩机及供气管道中的水并保持清洁。
3) 若气泡已产生，轻轻打磨表面，注意不要打穿漆膜，重新喷涂。若情况严重，应打磨至裸金属重新施工。

五、白雾

（1）现象　如图4-9所示，在施喷过程中或之后会很快在漆膜表层呈现乳白色的模糊外观，该现象只发生于单组分丙烯酸清漆漆膜上。

（2）产生原因　白雾的发生往往同不好的天气有关。在高温或寒冷的潮湿天气下，油漆内的溶剂急促挥发，造成漆膜表面的温度下降，这时候空气里的水分就在油漆表面凝结。使用劣质稀释剂，寒冷天气或空气流动太快都可能导致白雾，点修补也可能导致白雾。

（3）处理方式　使用质优稀释剂，按要求并在其中加入化白水。当"白雾"已经发生，可以在已加化白水的油漆喷涂后，再薄喷一层清漆。情况严重时，建议等天气转变正常后再喷涂。

六、崩裂

（1）现象　如图4-10所示，漆膜在锋利的边角处（如贴护带边缘、接口或凹槽处）崩裂。漆膜常常会因"紧缩"而形成尖角从底材剥离但不会开裂。

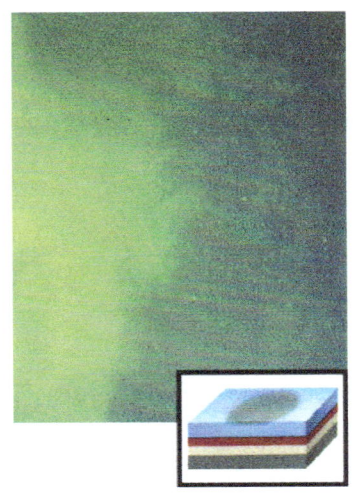

图4-9　白雾

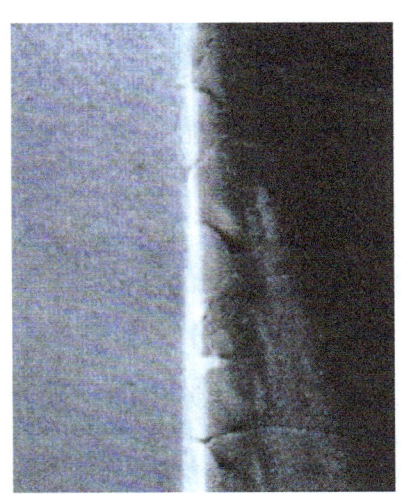

图4-10　边口崩裂

（2）产生原因

1）在接口或焊接处未进行足够的打磨处理，从而引起附着力不良。

2）过分厚涂于以上位置上。

（3）处理方式

1）仔细打磨易造成崩裂的部位。

2）在尖角、拐角和整形的周围勿喷涂厚漆膜，彻底磨平裂口位置，喷涂较薄的涂层，并延长层间静置时间。

七、粉化

（1）现象　如图4-11所示，表面漆层呈现粉状、钝化或褪色等现象。

（2）产生原因　由于长时间暴露在阳光及各种气候条件下，油漆中的颜料自然老化而导致油漆表面逐渐剥落。

图4-11　粉化

(3）处理方式　轻度粉化可以抛光去除，较严重的情况需要进一步打磨及打蜡。重度粉化，需要重新修补。

八、龟裂

（1）现象　如图 4-12 所示，大面积的大量不规则裂痕，并呈现圆角发射状。

（2）产生原因

1）龟裂的旧漆没做适当的处理便喷新漆。

2）漆面过分厚重。

（3）处理方式

1）不要厚涂新漆膜，并保证新漆与底材相融合。

2）每一层喷涂不可太厚，尽量用较薄涂层喷涂每一层。

3）若龟裂不能用轻微打磨抛光去除时，则彻底打磨，但不要打穿并重涂。严重时，则打磨至裸金属再重新修补。

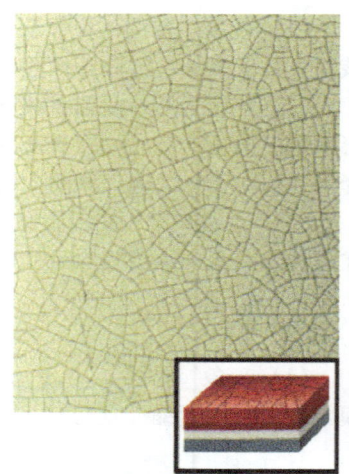

图 4-12　龟裂

九、蛛网

（1）现象　如图 4-13 所示，漆膜沉积在工件表面呈蛛网状，单组分丙烯酸清漆常出现该问题。

（2）产生原因　稀释剂不够及气压过高。

（3）处理方式

1）应参照稀释剂说明调兑并调节压力。

2）打磨至光滑再重喷。

十、脆裂

（1）现象　如图 4-14 所示，向外延伸的不规则线性裂痕。

（2）产生原因

1）漆面施喷过程中面漆过分厚涂，旧漆及以前修补产生的影响，喷涂了已部分交联的油漆，喷涂在过冷的表面。

2）漆面投入使用，油漆质量太差，暴露时间过长，漆膜过薄，尤其面漆，会导致过早脱落，旧漆膜和新漆膜的总膜厚太高。

图 4-13　蛛网

图 4-14　脆裂

（3）处理方式

1）确保旧漆与面漆融合，气候条件、漆膜厚度等均会影响干燥时间，因此不能机械地按照干燥时间施工。

2）避免漆膜过厚，确保面漆同底材相匹配，修补前的漆膜也不能太厚。严格按照油漆系统要求并喷涂正确的层数，以达到正确的膜厚。

3）当龟裂或裂纹出现时，打磨油漆但不能打穿，重涂。在极端严重时须脱漆至裸金属再喷涂整个系统。

十一、灰尘

（1）现象　如图4-15所示，灰尘或脏的东西被包裹在漆膜中。

（2）产生原因

1）喷涂间不清洁，工件表面受到灰尘污染。

2）油漆在喷涂前未能有效地过滤。

3）压缩空气来源不洁影响油漆效果。

（3）处理方式

1）使用压缩空气吹干工件表面，喷涂前用抹尘布清洁表面。

2）充分搅拌油漆，充分过滤后再使用。

3）喷涂前彻底清洁喷漆房及周围。

4）若已有尘点，打磨至平滑表面再重涂。对于较轻微的尘点，可以进行打磨、打蜡及抛光处理。

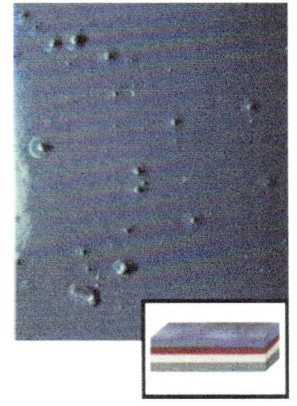

图4-15　灰尘

十二、羽状边开裂

（1）现象　如图4-16所示，漆膜在羽状边周围开裂。

（2）产生原因

1）过量稀释或使用劣质的稀释剂。

2）在打磨斜边时使用太粗的砂纸而未有适当的处理，经喷涂后溶剂进入砂纸痕侵蚀漆膜。

3）喷涂时湿漆膜太厚。

4）旧漆膜或以前修补的缺陷显示出来。

5）喷涂间气温太低。

6）气吹风干。

7）喷涂相隔时间过短。

（3）处理方式

1）采用正确的稀释比例及按要求使用稀释剂。

2）用细砂纸打磨羽状边。

3）不要喷涂过重、过湿的漆膜。

4）确保新面漆与底材相匹配。

5）加热烤房或正在被喷涂的底材。

6）不要使用气喷风干，因为这样只能达到表干。

7）漆膜之间要充分干燥。

8）为了避免再度开裂，打磨表面，但不能打穿，重喷。

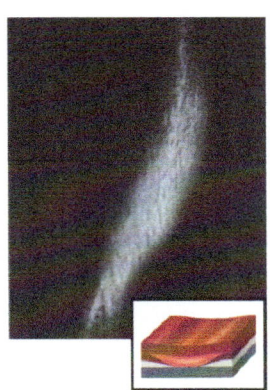

图4-16　羽状边开裂

汽车漆面酸蚀现象的处理

一、场地、设备、工具和材料准备

汽车漆面酸蚀处理的场地、设备、工具见表4-4。

表4-4　汽车漆面酸蚀处理的场地、设备、工具

序号	场地、设备、工具	图　例
1	涂装场地	
2	劳保用品	

项目四　汽车漆面修复性美容　　65

（续）

序号	场地、设备、工具	图　例
3	清洁用品	
4	遮蔽工具	
5	抛光、涂装设备和工具	

二、任务实施步骤及要求

漆面酸蚀现象处理步骤见表4-5。

表4-5　漆面酸蚀现象处理步骤

步骤	操作内容	操作示意图	技术要求
1	酸蚀损伤确认		立即从漆面清除酸蚀物质

（续）

步骤	操作内容	操作示意图	技术要求
2	抛光		对酸蚀部位进行抛光
3	打磨		使用偏心打磨机，配合 P180-240 号砂纸，将受损区域研磨至裸金属
4	重新喷涂		重新对酸蚀漆面进行喷涂
5	干燥		根据技术要求进行干燥

项目五 汽车外装饰

任务一 汽车防爆太阳膜加装

【任务导入】

炎炎夏日，骄阳似火，即使有空调，车内的温度也相当高。如果将车停在较强的阳光下一段时间，车内更是热不可耐。而汽车粘贴防爆膜可以使车内冷气需求下降60%。除了保持车内凉爽外，还可以省下不少空调消耗的能源，紫外线长期直射除了伤害驾乘人员的皮肤，还会引起车饰龟裂与褪色。粘贴防爆膜还有保护车辆内饰、延长其使用寿命的作用。防爆膜还能有效避免意外事故引起的玻璃飞溅。当遭遇车祸时，好的防爆膜能黏附碎裂玻璃使之不飞溅，从而有效保护驾乘人员的人身安全。防爆膜还有加强私密性、有效防止他人向车内窥探，保护驾乘人员财产安全及个人隐私的作用，如图5-1所示。

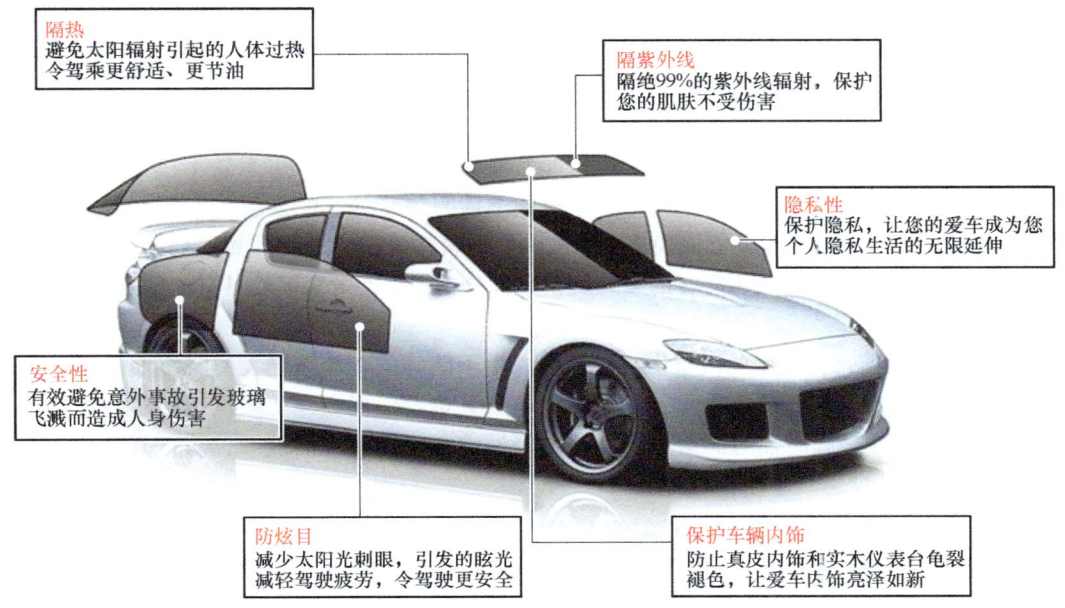

图5-1 汽车防爆膜的功能

【学习目标】

目标名称	目标内容
知识目标	1. 了解车窗贴膜的目的
	2. 了解汽车防爆膜的种类和特点
	3. 掌握汽车防爆膜质量的鉴别方法
	4. 熟悉汽车防爆膜贴护工艺
技能目标	1. 会正确使用防爆膜操作工具
	2. 掌握防爆膜质量优劣的评价方法
	3. 能够正确选用防爆膜工具进行规范防爆膜贴护作业

【知识准备】

一、汽车防爆太阳膜功能

1. 时尚美观

不同汽车车身的颜色各不相同，但汽车玻璃的颜色却千篇一律。要想改变玻璃的颜色使其与车身颜色搭配一致，贴膜是最好的选择。这样不仅能增加车身的美观，而且能体现出车主与众不同的品位。

2. 阻隔热量

夏天，汽车1/3的燃油用于空调制冷，而粘贴了隔热车膜的汽车可以把这部分油耗降低30%左右。这是由于隔热车窗膜能够很好地阻隔太阳光中的红外线（红外线是太阳光中热量主要的分布区域），从而很好地阻隔热量，营造舒适的车内环境。

3. 阻隔紫外线（UV）

过多暴露在紫外线下对人体的健康来说是非常有害的。紫外线几乎无处不在，对于很多车主来说，每天会在车上度过相当长的时间，给车窗贴上能阻隔紫外线的窗膜，就能够有效地保护车主不受紫外线的伤害，同时也能够避免车内橡胶件、塑料件等因紫外线的照射而老化。一般来说，防爆膜能够隔断98%以上对人体有害的紫外线，大部分正规生产的窗膜均具有此特点。

4. 防止玻璃飞溅

20世纪中期以前，在发生的汽车伤亡事故中，由于破碎的车窗玻璃发生飞溅而造成的人员伤亡是首要因素，如何对其进行防范成了汽车安全的一大难题。现在，如果汽车贴了防爆膜，当发生事故导致车窗玻璃破碎时强力的窗膜和黏结剂能够牢牢粘住破碎的玻璃，防止其飞溅，可起到保护人身安全的作用。

5. 保护隐私

在不影响车内视线的前提下，防爆膜能够很好地阻挡车外的视线，这是由防爆膜的单向透视性决定的。这一特性大大提高了汽车的隐私性，不仅对于个性含蓄的车主有必要，对于大多数送货物的车主也有着很实际的作用。

6. 防炫目

驾驶室贴防爆膜的汽车，防爆膜能够使后面其他车发出的刺眼前照灯灯光变得柔和。这样，在夜间行车时，就可以避免由于后视镜反射前照灯灯光造成的眩目，从而提高夜间行车的安全。

二、汽车防爆太阳膜种类

随着科学技术的发展，汽车太阳膜技术不断创新，太阳膜技术的发展经历了五个阶段，如图 5-2 所示。

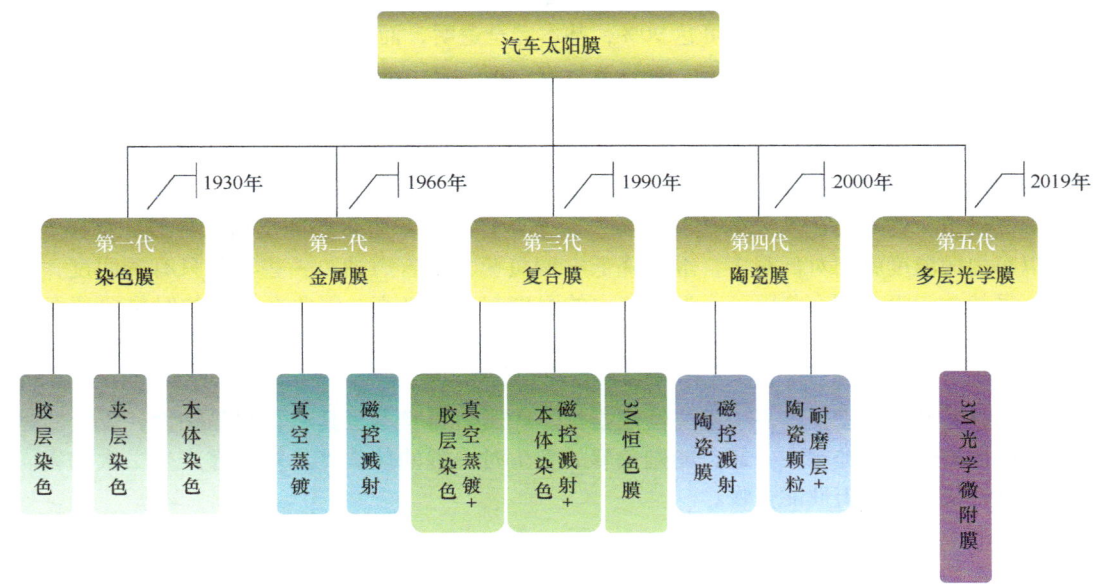

图 5-2　汽车太阳膜的种类

1. 染色膜

染色膜是指最低档的汽车膜，这种膜特点是薄，不隔热，易褪色。一般在小店较多，非常便宜，贴全车只要几百元。

2. 涂布印刷膜

涂布印刷膜是韩国特有的一种工艺，一般较厚。这种膜隔热较好，但透视性稍差。

3. 普通金属膜

普通金属膜是指在无色的原膜层上喷溅金属制造而成，一般所用金属为铝、铁等。这种金属膜（一般是将金属加热蒸发镀在膜基材料上面），但这种膜透视性一般，隔热也一般，而价格却不低。一般美容店经常用这种膜冒充顶级膜。很多知名的品牌，其实也不过就是这种普通金属膜，由于进入市场较早，所以消费者也误以为这种膜是高档膜。

4. 纳米陶瓷膜

纳米陶瓷膜是以纳米氮化钛为基础，磁控溅射技术与金属氮化技术的结合而生产出来，经久耐用，不易腐蚀，不干扰电磁信号。琥珀光学纳米陶瓷隔热膜就是最新的淘瓷膜。

5. 贵重金属膜

贵重金属膜也是在无色原膜层上喷溅金属，但不同的是喷溅的都是铬、钛、铂等贵重金属。另外，这种膜的喷溅方式为"磁控溅射"，这是一种复杂的工艺。这种膜的特点是颜色自然，透光好隔热好。

6. 磁控溅射膜

磁控溅射膜是多层聚酯膜技术。这是高端膜的另一个技术趋势，通过多层挤出技术，将 240 层的聚酯膜叠加在一起，制成仅有 0.05mm 厚的隔热膜，具有可见光透过率高、隔热好、寿命长、无电磁信号干扰等特点。

三、汽车防爆太阳膜性能指标

1. 透光度和清晰度

透光度和清晰度是车用膜中关乎行车安全最重要的性能。前风窗玻璃膜使用最新的喷镀方式将贵金属附着于隔热膜，其透光度可达90%，基本完全透明，而且不论颜色深浅，清晰度都很高。车窗膜尤其是前排两侧窗的膜，应该选择透光度在70%以上的较为适宜。后窗膜无须挖孔而且不影响视线。夜间行车能将后面来车前照灯照射在后视镜的强烈炫光反射减弱，使眼睛舒服一点。此外在雨夜行车，倒车、调头也能保证视线良好。

2. 隔热率

太阳光谱里，红外线是主要的热量来源。而质量好的汽车防爆膜能反射红外线，如图5-3所示，所以车内的温度就相对低很多，继而降低空调负荷，节省燃油。一些车膜只有透明度，没有隔热率。虽然太阳没有那么刺眼了，但是车内的温度却依然极高，因此在挑选的时候要留意防爆膜的隔热性能，这不仅是评价一个隔热膜好坏的主要标准，同时也是决定价格高低的关键。

3. 防爆性

防爆性是涉及汽车安全的一项重要性能指标。优质防爆膜本身具有很强的韧性，膜上的强力胶能将破碎的玻璃紧紧地粘在一起，能避免事故发生时飞溅的玻璃碎片对乘客产生二次伤害。防爆膜的防爆性使其抗冲击性能很强。

4. 紫外线阻隔率

紫外线虽然看不到，但对人体的伤害却是众人皆知，过量的紫外线还很容易造成仪表板等各种车内装饰加速老化。因此，高质量的膜对紫外线的阻隔率一般不低于98%，高的可达99%，如图5-3所示，而劣质膜很多没有这项标准，或者远远低于98%的标准。

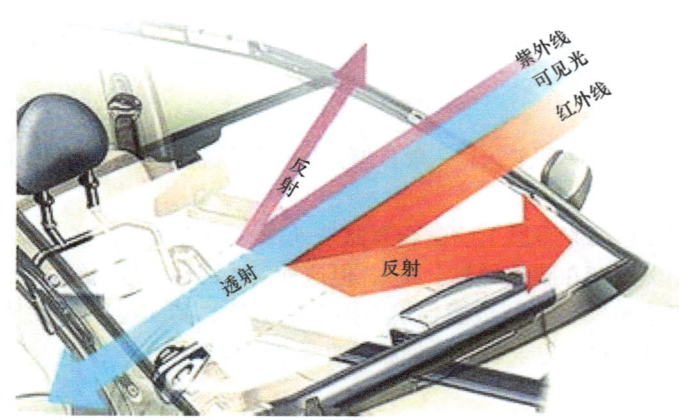

图5-3 汽车太阳膜对紫外线、红外线的反射

5. 膜片防刮层

防爆膜的防刮性是车膜的一个基本性能，指在其保质期内正常升降车窗时，膜的表面不会被划伤，从而保证视野的清晰。专业防爆膜的最外层都镀有一层坚硬的防划伤层，对于消费者而言，这种带有防划伤性的太阳膜便于车窗玻璃的上下运动和日常的清洁维护，不会留下划痕；但非专业膜由于施工方式的不同，很容易被划伤。

6. 防炫光

好的车膜能过滤部分炫光，减弱可见光的强度，使人的眼睛更舒服，有助于改善驾驶人的视野，确保驾驶安全。优质汽车防爆膜的遮炫光率应在59%～83%，透光率应在70%～85%，无论颜色深浅，夜间视野清晰度都应在60m以上，无视线盲区。

7. 颜色

防爆膜通常是采用本体渗染和溅射金属着色的方法着色。纯溅射金属使防爆膜有金属色的，称为自然色。采用这两种方法着色的防爆膜是不易褪色的，尤其是自然色的防爆膜。但市场上很多低档、劣质防爆膜，大多采用粘胶着色法来着色，即在粘胶中加入颜料，然后涂在无色透明膜上使膜有颜色。这种防爆膜不耐晒，极易褪色，严重的会褪成无色透明。

8. 胶与颗粒泡胶层越薄越好

因为胶会老化，胶层越厚，老化越快，会影响防爆膜的使用寿命，更重要的是会影响太阳膜的清晰性能。因此，高质量防爆膜的胶层都极薄。颗粒泡是由于空气中飘浮的尘埃产生的，在贴膜过程中是不可避免的。胶层厚了，贴膜时能将尘埃压进胶里，使颗粒泡并不明显。高质量防爆膜的胶层很薄，颗粒泡就比较明显，这也是区分防爆膜好坏的一个重要方法。

四、汽车防爆太阳膜的鉴别

汽车防爆膜的质量评价指标有不褪色、不起泡、不剥离、不脱落和正常使用无划伤。汽车防爆膜的鉴别方法如下：

1. 看

（1）看透光率　不论防爆膜的颜色深浅，在夜间的可视距离要确保在60m以上。裁一小块膜下来，对着光亮的地方照一照，清晰度高的就是好膜，劣质膜看上去给人一种雾蒙蒙的感觉。

（2）看颜色　防爆膜通常是采用本体渗染和溅射金属着色的方法进行着色的，是一种高科技产品，不易变色，在粘贴过程中经刮板作用不会发生脱色；而低档劣质防爆膜大多采用粘胶着色法来着色，就是在粘胶中加入颜料，然后涂在无色透明膜上使膜有颜色，这种防爆膜不耐晒，极易褪色，严重的会褪成无色透明。

（3）看气泡　撕开防爆膜的塑料内衬后再重新合上，劣质膜会起泡，而优质膜合上后完好如初。

2. 闻

撕开保护层后，劣质膜闻起来有一股刺鼻的气味，而高档膜采用的是环保胶，基本没什么气味，或是有一股淡淡的胶水味。

3. 摸

高档膜摸上去有厚实、平滑感，长期使用不会划伤表面。普通膜手感薄而脆，缺乏足够的韧性，容易起皱。

4. 试

对于防爆膜的隔热性只凭肉眼看和手摸是很难鉴别的，可以通过一个简单的测试方法进行比较，在一个碘钨灯上放一块贴着防爆膜的玻璃，用手感觉不到一丝热的是优质膜，而立即有烫手感觉的是隔热性较差的劣质膜。

5. 擦

可以用一点酒精或是汽油擦拭一下膜的表面。劣质膜一擦很容易褪色，高档膜则不容易褪色。

五、汽车防爆太阳膜的选用原则

1. 适用性原则

根据对隐秘性的要求，选择不同颜色深度的防爆膜。一般透光率较高的防爆膜颜色较浅。优质防爆膜具有很好的单向透视性能，无论膜颜色深浅，车外的人都不会窥视到里面，而车内的人看窗外景物却没有影响。

2. 美观性原则

注重防爆膜与汽车漆面颜色的合理搭配。浅色车身的车辆最好使用色彩鲜明的太阳膜，这类膜大多透明度较高，也不会影响隔热效果。车膜的颜色从贴后的效果来看，应该是越浅越好。在挑防爆膜的时候不能在太阳光下看其颜色的深浅，而要将其放在车窗上，并把车门窗关好；否则，看到的颜色可能与其实际的颜色不一样。在选好膜色以后，应该对防爆膜的隔热率和透光率进行选择，尤其是隔热率，其效果直接关系着夏季车内的温度。在500W太阳灯的照射下，感受这一面贴膜窗玻璃的温度变化。

3. 前风窗膜的选择原则

前风窗玻璃是驾驶人获取交通信息的主要通道，为了不影响安全行车，按照国家公安部交通安全法规的规定，前风窗膜的透光率必须大于70%。因此，前风窗玻璃必须选择反光度较低、色系较浅的车膜。如果汽车前风窗玻璃斜度较大，在粘贴时必须注意尽量避免产生反射及波纹。现在市面上有一种完全无色的高档透明膜，尤其适合前风窗玻璃使用。这种膜称为白膜，其最大特点就是可以阻隔红外线和紫外线，而对大部分可见光不加阻挡。因此，这种膜既不会对视野产生影响，又能起到隔热作用。

4. 侧风窗膜的选择原则

车窗膜尤其是前排两侧窗的膜，应选择透光度在85%以上的为宜。侧风窗玻璃隔热膜以不影响驾驶人观察后视镜为前提，夜间行车时应能把后面来车前照灯照射在后视镜的强烈眩光反射减弱，使眼睛非常舒服。侧风窗玻璃可选择的隔热膜较为灵活，颜色也比较多变，如有的车主喜欢偏蓝色的隔热膜等。隔热膜的隔热效果与颜色深浅并没有直接的关系，隔热膜内的涂层工艺才是决定隔热效果的关键因素。隔热率越高的隔热膜，反光越强。

对于车内装有GPS导航仪的汽车，建议车主选择非金属膜产品，因为目前市场上大多数的防爆膜仍然属于金属膜，对于GPS信号会造成干扰。在选购车膜时，要注意查看其是否有质量保证卡，优质膜的保质期通常为5年，长的可达8年。在保质期内正常使用，隔热膜不褪色、金属层不脱落、膜层不脱胶。

六、汽车防爆太阳膜品牌型号及特性

市场上常用防爆膜的品牌主要有3M、龙膜（LLumar）、雷朋FSK（FSK）、杜邦圣膜（DoBons Film）、蓝钻FSK+冰钻（FSK）、联邦美装（FIL-ART）、北极光（AURORA）、威世（WELLS）、海酷超能威固（V-KOOL）、博世（BOSCH）、威臣贝卡尔特-量子膜（BEK-AERTQuantum）等。部分进口车膜的型号及特性见表5-1。

表5-1 部分进口车模的型号及特性

产品系列	产品型号	透光率（%）	隔强光率（%）	防紫外线率（%）	防爆效果
美国3M系列	6330	35	60	98	性能优良
	7710	21	76	99	
	8383	35	58	98	
	9010	30	70	99	性能优良
	AL-21	21	85	99	性能优良
	AL-35	35	85	99	性能优良
美MADLCO系列	AL-320	35	85	99	性能优良
	AL-321	35	85	99	性能优良
	AL-300	30	70	99	性能优良
	自然色-336	30	75	99	性能优良

（续）

产品系列	产品型号	透光率（%）	隔强光率（%）	防紫外线率（%）	防爆效果
日本 FSK 系列	500S	35	82	99	性能优良
	600S	25	85	99	性能优良
	035 S	35	80	99	性能优良
	035 BL	35	75	99	性能优良
	835BR	35	78	99	性能优良

【任务实施】

汽车防爆太阳膜粘贴

一、场地、设备、工具和材料准备

车窗防爆太阳膜粘贴场地、设备和工具见表5-2。

表5-2　车窗防爆太阳膜粘贴场地、设备和工具

序号	场地、设备、工具	图例
1	贴膜场地	
2	排水工具	
3	裁膜工具	

（续）

序号	场地、设备、工具	图 例
4	清洁用品	
5	热风机	

二、任务实施步骤及要求

车窗防爆太阳膜粘贴步骤见表5-3。

表5-3 车窗防爆太阳膜粘贴步骤

步骤	操作内容	操作示意图	技术要求
1	选膜		根据客户需求选择隔热膜类型：前风窗玻璃应为浅色，后风窗玻璃根据客户需求选择
2	清洁防护		用毛巾细致地擦干净车窗内、外玻璃的灰尘，用遮蔽膜配合专用胶带对汽车内部电器部位及车内门板、窗边进行遮蔽，发动机舱盖铺好毛巾，避免在贴膜中不小心将其刮花。准备进行贴膜施工

项目五 汽车外装饰

（续）

步骤	操作内容	操作示意图	技术要求
3	放样裁剪		按照车窗尺寸要求对客户已确认的防爆膜进行预切割，裁膜时注意要留出2cm的余量
4	烘烤定型		由于汽车前、后风窗玻璃的弧度较大，所以在贴之前需要烤型。用烤枪对隔热膜进行烘烤整形，烤膜时必须控制好温度和注意手法，如果掌握不好，轻则会烤焦防爆膜，重则造成玻璃表面受热不均，从而导致玻璃爆裂。烤枪温度一般控制在450~500℃
5	裁边		裁边切割拿捏要准确。第一、刀片要锋利，才有利于把握力度，防止刮花玻璃；第二、前、后风窗要多裁1~2cm，多余的留边可塞进侧窗缝隙内；第三用保护衬垫片做好刀尖与玻璃之间保护
6	赶水		前风窗赶水十分重要，任何的水纹或水泡都会影响驾驶。前风窗赶水用软刮，后风窗赶水用硬刷，用软刷收边

（续）

步骤	操作内容	操作示意图	技术要求
7	收边		收边时要清除掉润滑剂和水，配合吸水纸并仔细检查边角的水纹和气泡
8	粘贴质量检查		第一步检查粘贴是否牢固，尤其是边角部位，不能出现直角边，边角部位要以圆弧过渡；第二步检查有无气泡；第三步检查车膜有无褶皱；第四步检查有无刮痕；第五步检查膜内有无脏点，如果发现问题，应立即返工
9	清洁整理		清除车窗及车身遗留的水渍，且清洁客户内饰，提醒客户7天内不要升降玻璃，并在玻璃升降器开关部分粘贴贴膜小贴士
10	用车提示	——	一个星期内不要擦拭。新贴车膜后，如果出现雾气等情况，车主不要去擦拭，原理同上，尽量不要触碰车膜，防止位移。防止划、刮、挂。尽量避免硬物对车膜的损伤。尽量少用吸附类的玩具或者遮阳板吸附在车膜上

项目五 汽车外装饰

 汽车天窗加装

【任务导入】

　　汽车天窗安装于车顶,能够有效地使车内空气流通,增加新鲜空气的进入,同时汽车天窗也可以开阔视野以及满足移动摄影摄像的拍摄需求。
　　汽车天窗可大致分为外滑式、内藏式、内藏外翻式、全景式和窗帘式等,主要安装于商用SUV、轿车等车型上。

【学习目标】

目标名称	目标内容
知识目标	1. 掌握汽车天窗的特点
	2. 理解汽车天窗换气原理
技能目标	1. 会正确选择汽车天窗
	2. 能够正确加装汽车天窗

【知识准备】

一、汽车天窗的类型

1. 内藏式天窗

　　内藏式天窗如图 5-4 所示,指的是滑动总成置于内饰与车顶之间的天窗,其优点是天窗开口大、外形简洁美观。大部分轿车多采用内藏式天窗。但是如果是加装这种内藏式天窗价钱就相对较高,而且因为要将车顶内饰重新做一遍,所以要求的施工技术也很高。

2. 外掀式天窗

　　外掀式天窗如图 5-5 所示,具有体积小、结构简单的优点,还有汽车天窗安装于车顶,能够有效地使车内空气流通,增加新鲜空气的进入,为车主带来健康、舒适的享受。同时汽车天窗也可以开阔视野,也常用于移动摄影摄像的拍摄需求。汽车天窗可大致分为外滑式、内藏式、内藏外翻式、全景式和窗帘式等。主要安装于商用 SUV、轿车等车型上。天窗倾斜升高,打开一定角度,但是开口大小很有限。

图 5-4　内藏式天窗

图 5-5　外掀式天窗

3. 全景天窗

汽车全景天窗如图5-6所示，实际上是相对于普通天窗而言。一般而言，全景天窗面积较大，甚至是整块玻璃的车顶，坐在车中可以将上方的景象一览无余。全景天窗的优点是视野开阔，通风良好。不过全景天窗也有一些缺点，成本较高，落尘需要清理，否则影响视线，车身整体刚度下降，安全系数降低。但无论怎样，全景天窗超大视野的享受，还是受到众多消费者的青睐。

图5-6 汽车全景天窗

二、汽车天窗的优点

1. 时尚美观，突显档次

带有天窗的车辆不但提升了汽车内部环境的舒适性，也为车主带来惬意的生活享受，在使车辆更加时尚美观的同时，也提高了车辆的档次。

2. 亲近自然，沐浴阳光

对于一般车辆，当车外阳光明媚时，车内却很昏暗会有一种压抑感。而有天窗的车辆视野开阔，坐在车里就能感受缕缕清风、沐浴丝丝阳光。

3. 抽风换气，改善车内环境

当车辆高速行驶时，空气分别从车的四周快速流过，此时打开天窗，车的外面就形成一片负压区。由于车内外气压的不同，就能将车内污浊的空气抽出，达到换气的目的，让车舱内始终保持清新的空气，避免车内产生异味，有利于身体健康。驾驶室上层的清新空气可使驾驶人保持头脑清醒，使驾车更安全可靠。

4. 降温、节能

炎炎的夏日里，长时间在烈日下停靠的车辆，车内的温度很容易达到60~70℃。当汽车行驶时，打开天窗会比开空调降温更有效，不但降温速度快，还可以节约能耗。

5. 降噪、除雾

当普通汽车在高速公路上行驶并需要打开侧窗时，车内人员的交谈就会被噪声干扰。如果是装有天窗的车辆，只要打开天窗来代替侧窗，就可大大减少噪声的干扰。在寒冷的环境中起动车辆后，由于车内外温差作用会在风窗玻璃上产生很多雾气，不利于驾驶的安全。若这时打开天窗，就会很快降低车内外温差，使风窗玻璃变得清晰如初。

三、天窗换气原理

汽车天窗安装于汽车的顶部，一般主要由玻璃窗、密封橡胶条和驱动机构组成。如图5-7所示，它利用负压换气原理，依靠汽车在行驶时气流在车顶快速流动形成负压，将车内污浊的空气抽出，从而使车内与车外的空气形成流动，完成空气的转换，过滤车内空气。

四、汽车天窗的选装方法

汽车天窗的品种较多，但都是生产厂家按车型配套设计制造的，目前国内外都有天窗的生产厂家和产品供应，可供装饰选择。

1. 选择天窗的依据

1）按车型选择天窗。目前市场上的天窗基本上都是按车型而配套的，所以首先应按车型进行选择。

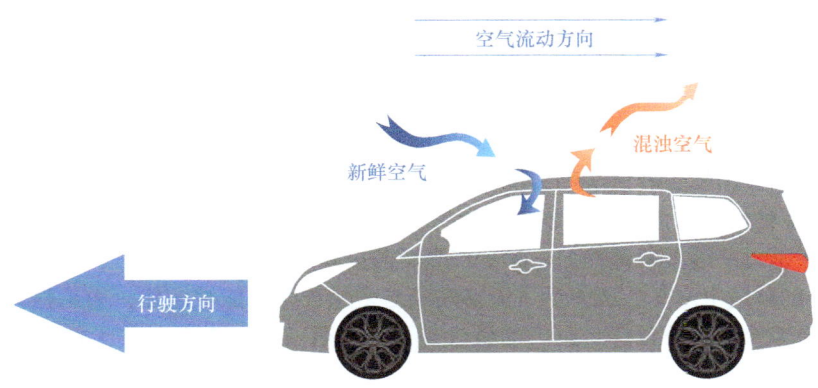

图 5-7 汽车天窗换气原理图

2）在同类中应选需要的型号。一般在同类天窗中，有标准型、经济型及豪华型等区分。在条件允许时，一般都选用操作简便、功能齐全的豪华型天窗。当然，经济实用型的天窗也有一定的市场。

2. 天窗安装方法

1）详细阅读天窗安装使用说明书。当选购到天窗后，安装前要认真阅读天窗的安装和使用说明书，必要时应再重新检查一下是否完全符合配套安装使用要求。若发现不当，应及时调换。

2）按天窗的安装要求进行施工。在天窗安装使用说明书中，对安装的要求、安装的步骤和方法都有明确的规定，应按上述规定进行安装施工。

3. 加装天窗的注意事项

挑选天窗时应从外观、框架刚度、力学结构及电控装置等方面认真判别，高质量的天窗应外观光滑平顺、框架刚度较好、力学结构合理、工艺精致、使用舒畅。

汽车加装天窗属汽车装潢中技术要求较高的一类。加装天窗首先要有安全加固措施，一般在原设计中已经将这个因素考虑进去，但还要经过一系列的标准试验才能认可。

目前，国内用户要求加装天窗的轿车多数为国产轿车，许多人并不了解这些车在原设计中是否允许加装或需在怎样加固措施下加装。不按原设计规定的要求加装天窗，对车身特别是车顶质量会产生不利的影响。原车顶是不承受负载的整体结构，开了天窗后就成了有负载而且不完整的车顶结构，在不断的行车振动下不但车身本身会变形、对天窗的可靠性有影响，而且车顶结构的改变会对车身质量留下隐患。车顶表面处理（防锈涂装）要有一定的工艺设备才能满足 6 年内不生锈的质量标准，并要保持漆面牢度和光泽。

加装天窗时，还要考虑天窗的密封性，若防腐和密封条件达不到要求，下雨时车顶就会漏水。品质好的天窗与车顶间靠特种胶和紧固件连接，玻璃板和框架之间有密封圈防水，内藏式天窗四周加有排水管，会将积在天窗周围的水排走。

4. 天窗的使用与保养

汽车天窗不仅有着非常实用的作用，也让车更漂亮。在即将到来的夏季，车主要注意检查保养自己爱车的天窗，以防造成外面大雨、车内小雨的情况，车主在驾车经过比较颠簸的路面时最好关闭天窗，以免造成密封部件变形。

在使用和养护天窗的过程中应该注意以下问题：

1）可以用较细的滑石粉经常清洁，可延长密封圈的使用寿命，天窗移动部分由低保养材料制成，应定期用机油或润滑剂清洗机械部分，建议每两个月清洁一次。

2）汽车行驶在风沙较多的环境中时，天窗的滑轨、缝隙中一般会有沙粒沉积，如不定期清理,就会磨损天窗各部件,应经常清理滑轨四周,避免沙粒沉积,延长天窗密封圈的使用寿命。一般在使用2~3个月的时候,应把密封胶条或滑轨用纱布蘸着清水清洗一下,待擦干净后涂抹少许机油或黄油。

3)开启天窗前应注意车顶是否有阻碍玻璃面板运行的障碍物。天窗面板的设计有隔绝热能和防紫外线的功能,要用软布和清洁剂清洗,切勿用黏性清洗剂清洗。

4)天窗的正确使用和保养能有效避免漏水。在进入雨季之前,除了清理滑轨、密封条缝隙里的沙尘,还应在密封条等塑料部件上喷涂少许塑料防护剂或滑石粉。

5)在寒冷的环境中洗车后或雪后,天窗玻璃与密封胶框可能被冻住,如果强行打开天窗,会使天窗电动机及橡胶密封条损坏。正确的做法是,在雪后或者洗车后,将天窗打开,擦干边缘残留的水分。

6)在颠簸的道路上最好不要完全打开天窗,否则会因天窗和滑轨之间振动太大而引起相关部件变形甚至使电动机损坏。此外,下雨或清洗车辆时严禁开启天窗。

7)在洗车的过程中,避免用高压水枪将水柱直接对准密封圈。这样不仅容易使密封圈在高压水柱的压力下变形而使车内进水,也会在极大程度上损坏密封圈。

8)车辆在准备长期停放前需用滑石粉彻底清洁一次天窗轨道,避免时间过长造成密封圈在空气中发生化学反应而造成老化的现象。

9)在使用电动天窗时,一定要特别注意旋钮的使用,因为很多天窗的故障都是由于拧错了旋钮的旋转方向导致的。

【任务实施】

汽车天窗加装方法

一、汽车天窗加装设备工具、材料

汽车天窗加装设备、工具和材料见表5-4。

表5-4 汽车天窗加装设备、工具和材料

序号	设备、工具、材料	图例
1	手电钻	
2	角磨机	

（续）

序号	设备、工具、材料	图例
3	气动锯	
4	吸尘器	
5	高压水枪	
6	天窗	

二、汽车天窗加装步骤

汽车天窗加装步骤见表5-5。

表5-5 汽车天窗加装步骤

步骤	操作内容	操作示意图	技术要求
1	准备工具、材料		一是准备天窗，将包装好的天窗拆封，检查天窗质量及所配附件的数量；二是准备好钻孔、切割等工具

（续）

步骤	操作内容	操作示意图	技术要求
2	遮盖		为了防止安装中将内饰弄脏，应对座椅、转向盘等车内部件进行遮盖
3	定位度量		先将配套的安装定位图样安放到车顶外部和内饰板相应位置进行定位度量
4	打定位孔		在原印在定位纸上的钻孔位打孔，并把螺钉穿插进去，在车内的内饰定位纸也有相应的定位螺钉安装位，从外定位纸穿插过来的螺钉同时穿过内定位纸，内外悬紧螺钉，就可把车顶钢板和内饰板定位好
5	切割		用电动切割机沿定位纸上的切割线将车顶切割出安装天窗的方孔

项目五　汽车外装饰

（续）

步骤	操作内容	操作示意图	技术要求
6	整修		在切制边缘用磨具磨锋，把尖角刺手的边缘磨平
7	整理清除脏物		开孔时产生的铁屑及橡胶颗粒等脏物应用吸尘机和高压气流发生器进行清除
8	涂防锈漆		在铁皮切割边缘涂上防锈漆
9	安装天窗		先将天窗框架装到经过准确度量和裁切的顶孔中，并上紧螺钉。安装天窗框架时，内外两层框架的合并是关键技术，直接关系到天窗会不会出现渗漏，为此内外两层框架边合并边做密封处理。框架装好后再把天窗装到框架上

（续）

步骤	操作内容	操作示意图	技术要求
10	调试		天窗基本安装完成后，要进行调试，其主要内容：一是调试天窗的水平面平衡度；二是调试天窗四个角，要确保都不会翘起来；三是调试天窗与车顶结合程度，要保证结合紧密
11	清洁		所有安装项目完成后，要将汽车外部清洁干净，清除安装天窗时留下的印迹和脏物，并拆除内饰遮盖物
12	淋水测试		为了防止日后天窗漏雨，在安装后必须进行淋水测试。方法是：先将汽车开到淋水位，然后用高压水流，模拟雨试验，检查天窗周围有无渗漏，确认密封良好，安装没有问题，即完成天窗加装

任务三　汽车导流板和扰流板装饰

【任务导入】

据德国奥迪公司风洞试验的结果表明：当汽车时速超过60km/h时，空气阻力就会大量消耗发动机的能量，影响车速。随着高速公路的快速发展，现代轿车的经常时速已达100km/h以上，最高时速更达200km/h以上，因此轿车的车身设计既要服从空气动力学，又要有尽量低的空阻系数。从空气动力学的原理来讲，当车速达到一定数值时，气流对汽车所产生的升力有将车辆

项目五　汽车外装饰

向上托起的倾向，从而减小了车轮与地面的附着力，使车子发飘，造成行驶稳定性变差。为解决此问题，在车身的前后端安装了导流板和扰流板，以提高轿车的性能，保证轿车的行驶安全。

目标名称	目标内容
知识目标	1. 掌握导流板与扰流板的概念
	2. 理解导流板与扰流板的作用
技能目标	1. 会正确选择加装项目
	2. 能够正确安装导流板与扰流板

一、导流板和扰流板的概念

汽车在高速行驶时，在轿车底盘下的气流会钻进车体底部不同形状的漏口内，由此而产生阻力，阻碍轿车行进。当气流通过轿车底部时，可对车体前部和发动机底部产生压力，这种压力使车体前端产生略微向上抬起的提升力，导致轮胎抓地能力降低，从而影响轿车转向的控制能力。导流板与车身前裙板连成一体，能减少涡流的产生，减小前端阻力；同时减少了进入车辆下部的空气总量，减小车底气压，降低前端提升力。

1. 导流板

为了减少轿车在高速行驶时所产生的升力，汽车设计师除了在轿车外形方面做了改进，将车身整体向前下方倾斜而在前轮上产生向下的压力，将车尾改为短平，减少从车顶向后部作用的负气压而防止后轮飘浮外，还在轿车前端的保险杠下方装上向下倾斜的连接板。连接板与车身前裙板连成一体，中间开有合适的进风口，以加大气流速度，减小车底气压，这种连接板是指轿车前部保险杠下方的抛物线形风罩，也就是导流板，如图 5-8 所示。

图 5-8　汽车导流板

2. 扰流板

扰流板是指在轿车行李舱盖上后端做成像鸭尾似的凸出物，将从车顶冲下来的气流阻滞一下形成向下的作用力。扰流板又称为汽车扰流器或汽车扰流翼。图 5-9 所示为汽车扰流板。汽车扰流

图 5-9　汽车扰流板

板则是安装在轿车行李舱盖上的。扰流板能阻滞从车顶冲下来的气流，从而形成向下的作用力，减少了车辆尾部的升力，提高了行车安全性。有些旅行轿车的顶盖后缘安装扰流板，使顶盖上一部分气流被引导流过后窗表面。这样既可使后窗后部的升力降低，也可引导气流将后窗表面浮尘消除，避免尘污附着而影响汽车后视野。在许多普通轿车上，也装有扰流板。其实由于这些车辆的速度都不是很高，扰流板难以发挥实际作用，而美化车身外观成了装扰流板的最大目的。

二、导流板和扰流板的作用

1. 导流板的作用

轿车在高速行驶中由于车身上、下两面的气流压力不同，下面大上面小，这种压力差必然会产生一种上升力，如类似于飞机的机翼在飞行时气流产生形成的机翼下压力大于上压力产生的升力。车速越快，压力差越大，上升力也就越大。这种上升力也是空气阻力的一种，汽车工程界称为诱导阻力，约占整车空气阻力的7%，虽然比例较小，但危害很大。其他空气阻力只是消耗轿车的动力，这个阻力不但消耗动力，还会产生托力，危害轿车的行驶安全。这是因为当轿车时速达到一定的数值时，升力就会克服车重而将车辆向上托起，减小了车轮与地面的附着力，使车子发飘，造成车辆行驶稳定性变差。图5-10所示为汽车导流板的作用。

图5-10 汽车导流板的作用

2. 扰流板的作用

在实际生活中，扰流板的作用主要是减小车辆尾部的升力。如果车尾的升力比车头的升力大，就容易导致车辆转向过度、后轮抓地力减小、高速稳定性差。利用扰流板的倾斜度可使风力直接产生向下的压力，如图5-11所示。以排气量为1.8L的轿车为例，如果装上扰流板，则空气阻力系数降低20%，在一般道路上行驶时耗油量减少或许不明显，但在高速公路上以120km/h的车速行驶时则省油14%，此时汽车扰流板的作用就很明显了。如F1赛车尾部的扰流板一般倾斜15°，高速行驶时可达10kN以上的压力。但是，扰流板同时也增加了风阻，如F1的风阻系数接近1.0（一般轿车为0.3~0.5）。这里就要求在设计时必须"恰到好处"，使增加的风阻与改善的性能相对非常小。升力与风阻一样，与车速的平方成正比。车速为120km/h时的升力是车速为60km/h时的4倍，是车速为40km/h时的9倍。因此行驶速度较高的汽车，如高档轿车和跑车，一般都装有扰流板。

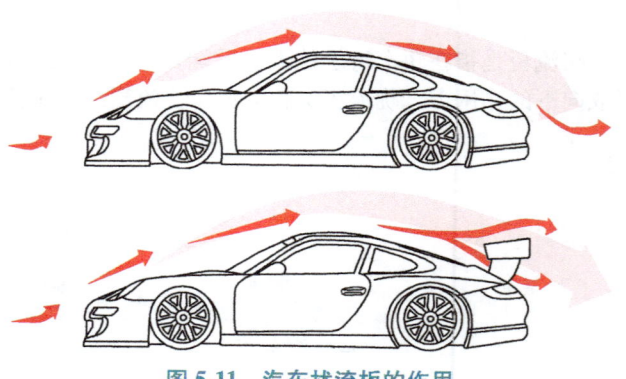

图5-11 汽车扰流板的作用

（1）汽车扰流板　现在很多汽车都安装有扰流板，很多汽车的扰流板兼有装饰功能和动力学功能，它不仅可以使汽车的稳定性更好，还可以使汽车外形变得更动感，更时尚。

1）赛车上的扰流板。比如 F1 赛车中，由于它的车速高，车体在高速的气流中所表现出的"机翼"化现象特别明显，因此非常有必要来安装抵消这种现象的装置——扰流板。它不仅安装在尾部，车的前端也有这种扰流板，一般分为单层和双层两种，而材质有铝合金、玻璃纤维和碳纤维等多种，其工作方式也有手动调节和自动调节之分。不过无论结构材质有何区别，其根本的目的都是通过增加下压力来改善车辆在动态状况下的稳定性。关注 F1 赛事会发现，F1 赛车的前后都安装有定风翼，它们为车体提供了近 60% 的下压力，从而保证了高速下轮胎具有足够的抓地力来保持车身的稳定性。

2）一般汽车的扰流板。一般的运动型小汽车都装有一个扰流板，一个是为了体现它的运动特性，二是因为运动型的汽车用户可能趋向于玩车技，做一些急转弯、飘移等特技动作，这时候这个扰流板就会起到稳定车身的作用，增加安全性。也有些汽车的扰流板是与车尾贴在一起的，而不是与车尾分离，这种扰流板就不能起到本文之前所提到的这种升力，但它也能提供一定的下压力，其原理与扰流板是不同的，严格地讲不能称其为扰流板。而且现在的很多汽车的扰流板的有效性还是值得怀疑的，更多的是一种外形的装饰。

3）一些掀背或两厢车后出现的鸭尾状扰流器。现在的一些旅行车、MPV、多功能车都是采用掀背式，大多数都会有一个鸭尾状的扰流板。既可以将车顶上的气流顺畅地导至车后，同时还利用了该气流将后车窗的灰尘清除掉，避免了因灰尘附着而影响驾驶人的后视野。

（2）汽车前扰流板　气坝就是前扰流板，将前保险杠往下方扩大，形成一个阻挡气流的气坝，如此可以尽量让进入车底的气流减少，避免车底气流过多、造成上扬力、造成后轮抓地力减弱。

（3）汽车侧裙　侧裙指车体两侧安装的裙板，功效也是等同于气坝，用来减少车体两侧的气流进入车底。有一定的扰流作用，在一定条件下可以明显降低空气阻力。侧裙就是车身扰流套件的一部分，美观是其次的。安装得合适可以减少车辆行驶中产生的逆向气流。高速时就好像地面吸着底盘一样，很大程度地增加操作稳定性，要配合着前后扰流板用，使汽车高速运行时产生的风阻流畅地从车底划过，不会造成车辆行驶时飘移。

三、加装导流板和扰流板的注意事项

1）汽车是否加装导流板，要根据汽车经常行驶的道路情况而定。加装了导流板的汽车的最小离地间隙变小，只适合在平坦和良好的道路上行驶，如果汽车经常要在不平的路面上行驶，那就不要加装了。

2）是否加装扰流板，要看车型。实际上，汽车在低速行驶时，气流对汽车的影响较小，扰流板的作用根本不大，所以经济型轿车装扰流板益处不大。将扰流板这么大一个突出物安在汽车尾部，反而会增大风阻，因此带来的直接后果是油耗上升，而且还要浪费金钱。

3）尽量加装汽车生产商认可的导流板和扰流板，因其尺寸和形状是由设计师精确计算而确定下来的，只有这样，才能使空气动力学特性发挥出来。

4）为了充分发挥扰流作用，使没有乱流的气流直接作用在扰流板上，必须将扰流板离开车身表面安装。

5）扰流板的主要作用是减小车辆尾部的升力。如果车尾的升力比车头的升力大，那么就容易导致车辆过度转向、后轮抓地力减少以及高速稳定性变差。

导流板和扰流板加装

一、设备、工具和材料准备

导流板和扰流板材料选择见表5-6。

表5-6 导流板和扰流板材料选择

序号	材料	图例
1	玻璃钢这类扰流板造型多样,有鸭舌状的、机翼状的,也有直板式的,比较好做造型,不过玻璃钢材质比较脆,韧性和刚度都不大,价格比较便宜	
2	铝合金这类扰流板导流和散热效果不错,而且价格适中,不过质量要比其他材质的扰流板稍大些	
3	碳纤维扰流板刚度和耐久性都非常好,不仅重量轻,而且是最美观的一种扰流板,现在被F1赛车广泛采用,不过价格比较昂贵	

二、任务实施步骤及要求

1. 导流板的安装工艺与要求

汽车导流板的安装步骤见表5-7。

表5-7 汽车导流板的安装步骤

步骤	操作内容	操作示意图	技术要求
1	安装前准备		举升车辆,拆下后保险杠螺钉

（续）

步骤	操作内容	操作示意图	技术要求
2	拆下后保险杠		拆掉螺钉和卡扣，将原车后保险杠拆下
3	加装导流板		将导流板对准原车卡扣卡进去，确定牢靠
4	安装原车下护板		将原车下护板正确安装固定
5	安装完成		—

2. 扰流板的安装工艺与要求

扰流板的安装方式主要有粘贴式和螺栓固定式两种。粘贴式可避免破坏行李舱盖且不会漏水；螺栓固定式固定牢固，但因有钻孔，所以会破坏行李舱盖的表面，且安装不好时会发生漏水现象。

汽车扰流板的安装步骤见表5-8。

表 5-8　汽车扰流板的安装步骤

步骤	操作内容	操作示意图	技术要求
1	清洁		用毛巾清洁安装位置
2	试安装		对比产品安装位置
3	定位		用笔标记一下安装位置
4	安装前准备		撕下扰流板背面胶保护膜
5	安装扰流板		粘贴上标记位置，用力按紧

项目五 汽车外装饰

(续)

步骤	操作内容	操作示意图	技术要求
6	完成检查		—

任务四 汽车前照灯改装

【任务导入】

灯具在汽车上不但起着夜间或雾天照明的作用，还有着画龙点睛的作用，精美的灯具会使汽车豪华感提高很多。灯具的改装一直受到消费者的青睐。

【学习目标】

目标名称	目标内容
知识目标	1. 掌握汽车装饰灯种类
	2. 理解汽车灯具作用
技能目标	1. 会正确选用汽车装饰灯
	2. 能够正确改装汽车灯具

【知识准备】

一、灯具改装的作用

1. 使汽车美观

目前市场上有许多装饰性车灯，外形各异、制造精美。夜幕降临时，打开装饰灯，神秘的色彩给驾驶人增添了极其强烈的个性。

2. 提高照明质量

一般国产车的原厂车灯出厂时的色温为3000K，经过一年使用就会降到2500K，甚至2000K，如果继续使用，会明显影响照明质量。采用新型高效的车灯能够提高亮度，放宽视野，从而提高夜间行车的安全性。

二、装饰灯的种类

装饰性车灯的种类很多，主要有高强度放电灯、竞技型车灯、探照灯、LED汽车灯、倒车灯、车顶排灯、高位制动灯等。

1. 高强度放电灯

高强度放电灯又称为氙气灯（图5-12），它没有灯丝，玻璃灯泡内有电极。它的原理是在抗紫外线水晶石英玻璃管内，填充多种化学气体，其中大部分为氙气与碘化物等惰性气体，然后再通过增压器将车上 12V 的直流电压瞬间增至 23000V 的高电压，接着再将电压转变成 85V，保持恒功率持续供应氙气灯泡发光。

氙气灯的特点：一是亮度大，使用同样瓦数的氙气灯，亮度大约是钨丝灯的 2~3 倍；二是它的色调非常完美，是仿制太阳光那样的真实色调，如同昼光；三是效率高，氙气灯的效率是普通卤素灯的 3 倍；四是节能，与钨丝灯相比，能够节约一半电能；五是寿命长，由于氙气灯没有灯丝，所以它不存在灯丝断裂的问题，使用寿命可达 2000h 以上。所以氙气灯产生的照明效果可达到一个新的等级，将成为汽车前照灯的必然选择。

2. 竞技型车灯

竞技型车灯又叫作辅助型车灯，如图 5-13 所示，不仅可以作为装饰使汽车更加亮丽，同时能放宽视野，提高能见度。黑夜行车有诸多不便，主要原因是车灯的照射范围有限，尤其是遇到雨雪或大雾的恶劣天气，大多数车主会觉得车灯不够亮、穿透力弱且射程近。如果汽车安装了竞技型车灯便可很容易地解决这些问题。竞技型车灯具有亮度大、穿透力强、射程远等特点，安装后，无论天气如何变化，车主都能轻松地应付。目前，竞技型车灯可供选择的类型较多，有超白光型，还有聚光型和雪雨雾灯型，功能虽异，但价格相差不大，可以根据行车时常处的环境进行选择。

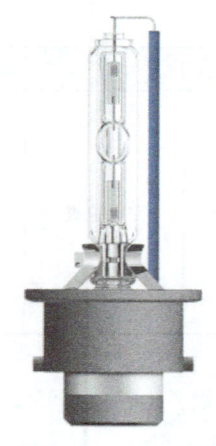

图 5-12　氙气灯灯泡

图 5-13　竞技型车灯

3. LED 汽车灯

LED 汽车灯如图 5-14 所示，是指车内外光源均采用 LED 技术，用于外部和内部照明。LED 汽车灯寿命为 5 万 h，结构坚固，而且不容易受振动影响，使用过程中光输出亮度也不会明显下降。

LED 汽车灯适合于汽车的各种照明应用，包括前照灯（远光灯和近光灯）、雾灯、尾灯、制动灯、转向信号灯、日行灯、踏板照明灯、仪表灯、牌照灯、门灯、车内照明灯、示宽灯等。

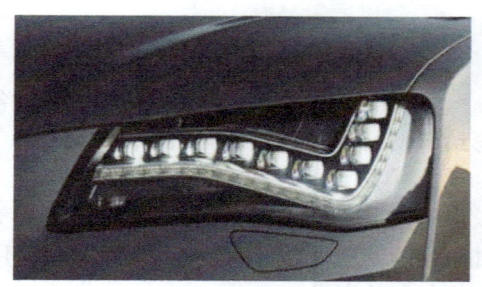

图 5-14　LED 汽车灯

LED 汽车灯具有节能、成本低、寿命超长、耐用性好、体积小、响应速度快、亮度衰减低等优点。

三、装饰灯的选用

装饰灯的功能、型号种类很多，选用时应注意以下事项：

项目五 汽车外装饰

1. 选择车灯的种类和型号

根据汽车经常行驶区域的环境,有针对性地选择装饰灯。如果只是为了增大亮度,可选择高强度放电灯;如果经常行驶在冰天雪地、雾气茫茫的天气里可试一试竞技灯的效果;如果经常驾车外出旅游,可考虑选用探射灯。

如果照明灯的功率符合国家标准,只需考虑车灯的型号问题。一般来说,日本车灯号大多数为H4,欧洲车则是H1、H7,美国车为H3、H4、H5。可以在车灯的玻璃下角找到该灯的型号。安装灯泡时要注意灯泡型号,如果型号不对,将无法安装,所以要对号入座。

2. 选用知名厂家的产品

应优先选择使用知名企业生产的汽车灯具产品,不要购买三无产品。除了查看产品的合格证,还应查看产品的生产企业名称、厂址、电话和产品的执行标准。国产的车灯反射碗,有些不是采用计算机辅助设计得到的形状,而是采用翻模的模式,直接从成形产品上进行盗版。但光形的精确度是很难被简单复制的,因此选择时要多加注意。

3. 仔细检查外观

汽车灯具产品外观应无不良缺陷、手感光滑、无飞边;灯泡应为国标规定的汽车灯泡。对于汽车前照灯,可以查看其光线的明暗,截止线是否清晰、整齐等。

【任务实施】

汽车 HID 氙气灯改装

一、场地、设备、工具和材料准备

汽车 HID 氙气灯的改装设备、工具见表 5-9。

表 5-9 汽车 HID 氙气灯的改装设备、工具

序号	设备、工具	图例
1	氙气灯	
2	世达120件套	
3	电笔	

（续）

序号	设备、工具	图例
4	钳子	
5	热风机	
6	密封胶	

二、任务实施步骤及要求

汽车 HID 氙气灯的安装步骤见表 5-10。

表 5-10　汽车 HID 氙气灯的安装步骤

步骤	操作内容	操作示意图	技术要求
1	安装前准备		待发动机完全冷却后，切断灯组电源，打开汽车发动机舱盖
2	拆下原车灯		将前照灯灯具插头、防水橡胶罩及旧灯泡取下

项目五　汽车外装饰　　95

（续）

步骤	操作内容	操作示意图	技术要求
3	安装 HID 灯泡		仔细检查 HID 部件，将 HID 灯泡安装在前照灯灯具座上并固定好，防止 HID 灯泡、灯座变形
4	安装安定器		将安定器固定在适当的位置
5	连接安定器和 HID 灯		将安定器与车辆前照灯供电端连接并将镇流器输出端与灯泡的插接器接好
6	检查安装		检查所有安装步骤，确认正负极正确无误后发动车辆

（续）

步骤	操作内容	操作示意图	技术要求
7	检查灯光		接通电源使灯点亮，检查光源所射出光束的高度、距离及光形，并进行调整，使之符合当地交通法规
8	安装完成		—

任务五　汽车车轮改装

【任务导入】

车轮好比汽车的鞋子，车轮可以提高汽车的性能，同时提升汽车的个性、增加汽车的美观性。汽车轮胎的改装一直备受车主的青睐，常见的有轮毂改装和轮胎改装。

【学习目标】

目标名称	目标内容
知识目标	1. 了解轮毂和轮胎的使用与保养
	2. 理解轮毂和轮胎基本参数意义
技能目标	1. 会正确选择轮毂和轮胎加装项目
	2. 能够正确安装轮毂和轮胎

【知识准备】

一、轮毂改装

轮毂改装是指为了达到美观或者是其他的目的将车辆原配的轮毂进行的改装。轮毂与轮胎作为汽车的重要组成部分，是很多汽车改装爱好者热衷于的改装范畴。轮毂的改装日渐成为车迷们改装汽车的焦点。汽车轮毂如图5-15所示。

1. 概述

轮毂的改装属于较显眼的改装，从视觉感官就可以直接判断出一辆车是否改装过轮毂。因此很多人误以为轮毂的升级只是为了美观、夺人眼球。其实除了美观的因素，轮毂的改装也可以达到改善散热及轻量化的目的。

2. 轮毂的基本参数

轮毂的基本参数包括中心孔径（CB）、PCD 值、偏距（OFF SET/ET）、轮辋宽度（J 数）等。

（1）中心孔径（CB）　每个轮毂都有一个中心孔，但不同的轮毂的中心孔的直径各有不一。中心孔径就是用以表示轮毂中心孔的大小。在改装中如果改装轮毂的中心孔径与车辆原厂值不同，可以通过安装变位器进行安装。但是由于多了变位器的转接，所以在实际驾驶中对于颠簸等路况的应对能力也会相应降低。

图 5-15　汽车轮毂

（2）PCD 值　PCD 值是选择轮毂时重要的参数，也成为节圆直径。PCD 参数是用来表示该款轮毂拥有几个安装孔位，其孔位安装直径是多少。例如一款轮毂的 PCD 值为 5mm×120mm，代表着该套轮毂拥有 5 个定位螺栓，并且安装直径为 120mm。

（3）偏距（OFF SET/ET）　偏距也称为 ET 值，有正负之分。常规原厂车型的 ET 值一般都为正值，即轮毂固定面位于中心面以内，反之，ET 值则为负值，ET 值为负值的就称为负值轮毂。以 HellaFlush 的低趴造型为例，就是选择合适的 ET 负值的轮毂，才能实现轮毂"八字"的姿态。

（4）轮辋宽度（J 数）　常说轮毂的宽度是 7J、8J，这里的数字代表的就是轮毂的宽度，而 J 只是代表轮毂凸缘的形状和高度，除了 J，还有 C、JJ、JK、K 等，主要分别为凸起高度的不同，C 为最低，K 为最高，而 J 是最常见的轮毂类型。如图 5-16 所示，指的就是轮毂两侧凸缘中间的距离是 7in。

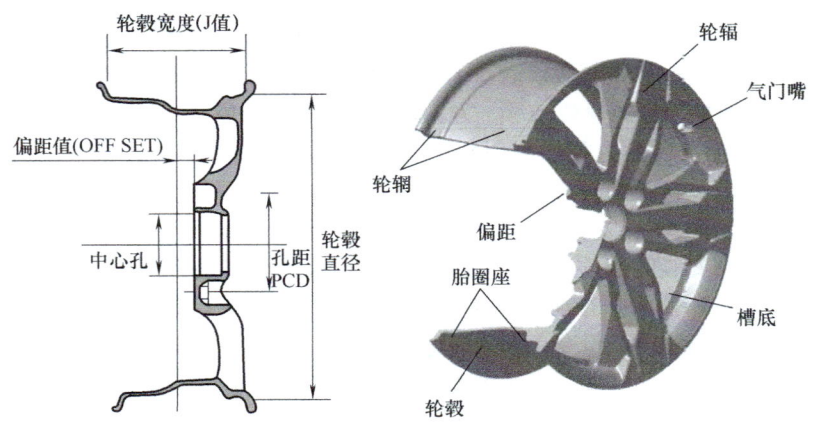

图 5-16　轮毂的结构

3. 轮毂挑选要素

（1）轮毂大小　不要盲目加大轮毂。有人为改善汽车性能而加大轮毂，在轮胎外径不变的情况下，大轮毂势必要配合宽而扁轮胎，车的横向摆动倒是小了，稳定性得到提高，过弯时有如蜻蜓点水，轻盈掠过。但车胎越扁，其厚度越薄，减振性能越差，舒适性方面就要做出较大牺牲。此外，稍微有石子等路障一硌，轮胎很容易损坏。因此盲目加大轮毂的代价不容忽视。一般来讲，根据原车轮毂大小加大一两个号最为合适。

（2）轮毂孔距　挑选的时候不能随心所欲挑自己喜爱的外形，还要考虑孔距是否合适。

（3）轮毂形状　结构复杂、密集的轮毂的确很美观，显得有档次，但很容易在洗车的时候被拒洗或是多收钱，因为它洗起来太麻烦。简约的轮毂反而动感十足，干净利落。当然如果不怕麻烦，倒也无妨。时下深入人心的是铝合金轮毂，与过去的铁铸轮毂相比，抗变形程度有了很大提高，重量大幅度减轻，车动力损失小，跑起来快，省油而且散热性好。

4. 轮毂安装注意事项

1）为了最大限度地确保安全和可靠性，需要经常检查轮毂轴承，对后轮驱动的车辆建议在车辆行驶到38000km时应对前轮轴承进行润滑。当更换制动系统时，检查轴承并更换油封。

2）如听到轮毂轴承部位发出的杂音，首先，重要的是找到杂音发生的位置。有许多可能产生杂音的运动部件，也可能是一些转动件与不转动件发生了接触。如果确认是轴承中的噪声，轴承可能已损坏，需要更换。

3）因为前轮毂导致两侧轴承失效的工作条件相似，所以即使只坏了一个轴承，也建议成对替换。

4）轮毂轴承比较敏感，在任何情况下都需要采用正确的方法和合适的工具。在储运和安装的过程中，轴承的部件不能损坏。一些轴承需要较大的压力压入，所以需要专用工具，一定要参照汽车制造说明书。

5）安装轴承时应该在干净整洁的环境中，细小的微粒进入轴承也会缩短轴承的使用寿命。更换轴承时保持清洁的环境是非常重要的。不允许用榔头敲击轴承，注意轴承不要掉在地上（或者是类似的处理不当）。安装前也应对轴和轴承座的状况进行检查，即使是微小的磨损也会导致配合不良，从而引起轴承的早期失效。

6）对轮毂轴承单元不要企图拆开轮毂轴承或调整轮毂单元的密封圈，否则会使密封圈受损导致水或灰尘的进入。甚至密封圈和内圈的滚道都受到损坏，造成轴承的永久失效。

7）装有ABS装置轴承的密封圈内有一个磁性推力环，这种推力环不能受到碰撞、冲击或者与其他的磁场相碰撞。在安装前从包装盒中取出，让它们远离磁场，如使用的电动机或电动工具等。安装这些轴承时，通过路况测试观察仪表盘上ABS警报针，来改变轴承的操作。

8）装有ABS磁力推力环的轮毂轴承，为了确定推力环装在哪一边，可以用一个轻小的物品靠近轴承的边缘，轴承产生的磁力就会吸引住它。安装时将带磁性推力环的一边指向里面，正对ABS的敏感元件。注意：不正确的安装可能导致制动系统的功能失效。

9）许多的轴承是密封的，这类轴承在整个寿命期是不需要加润滑脂的。其他不密封的轴承比如双列圆锥滚子轴承在安装时必须加油脂润滑。由于轴承的内腔大小不同，所以很难确定加多少的油脂，最重要的是保证轴承中有油脂，如果油脂过多，当轴承转动时，多余的油脂就会渗出。一般经验：在安装时，油脂的总量要占轴承间隙的50%。

10）安装锁紧螺母时，由于轴承类型和轴承座的不同，扭矩的大小差别很大。注意参照有关说明。

5. 轮毂日常保养

1）当轮毂温度较高时，应让其自然冷却后再进行清洁，千万不能用冷水来清洗。否则，会使铝合金轮毂受损，甚至使制动盘变形而影响制动效果。另外，在高温时用清洁剂清洁铝合金轮毂，会使轮毂表面发生化学反应，失去光泽，影响美观。

2）当轮毂上沾有难清除的柏油时，如果一般的清洁剂无济于事，可使用沥青专用清洁剂清除。

3）车辆所在地方若潮湿，轮毂应勤清洗，以免盐分对铝表面的腐蚀。

4）必要时清洁干净后，可对轮毂进行打蜡保养，使其光泽永葆。

二、轮胎改装

轮胎改装就是升级轮胎高扁平比,以获得车辆转向过程中的响应更加灵敏且变形量更少,从而增加抓地力的汽车改装。汽车轮胎如图 5-17 所示。

1. 概述

轮胎是在各种车辆或机械上装配的接地滚动的圆环形弹性橡胶制品。通常安装在金属轮辋上,能支撑车身,缓冲外界冲击,实现与路面的接触并保证车辆的行驶性能。轮胎通常由外胎、内胎和垫带三部分组成。也有不需要内胎的,其胎体内层有气密性好的橡胶层,且需配专用的轮辋。世界各国轮胎的结构,都向无内胎、子午线结构、扁平和轻量化的方向发展。

图 5-17 汽车轮胎

2. 轮胎分类

轮胎常见的分类方式是按照结构划分为斜交线轮胎、子午线轮胎,如图 5-18 所示。子午线轮胎与斜交线轮胎的根本区别在于胎体。斜交线轮胎的胎体是斜线交叉的帘布层;而子午线轮胎的胎体是聚合物多层交叉材质,其顶层是数层由钢丝编成的钢带帘布,可减少轮胎被异物刺破的概率。

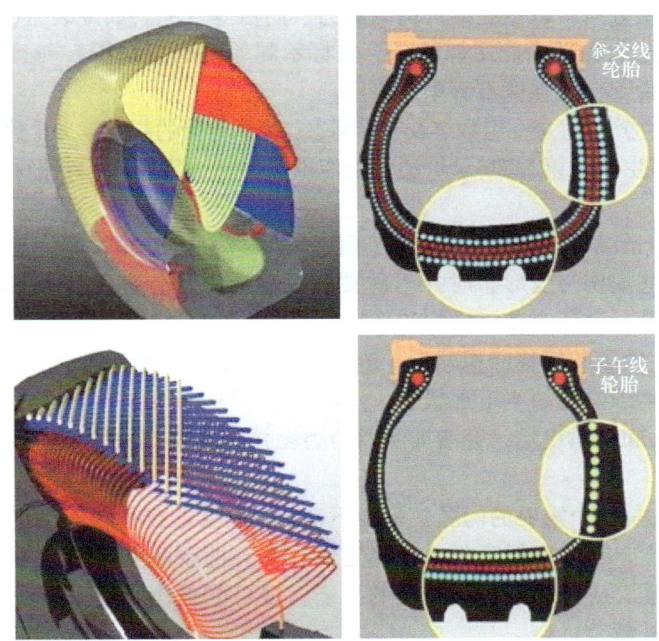

图 5-18 斜交线轮胎和子午线轮胎

3. 轮胎参数

轮胎参数主要包括轮胎规格、层级、帘线材料、负荷及气压、平衡标志、滚动方向、磨损极限标志和生产批号等,如图 5-19 所示。

(1) 轮胎规格 规格是轮胎几何参数与物理性能的标志数据。轮胎规格常用一组数字表示,前一个数字表示轮胎断面宽度,后一个数字表示轮辋直径,均以 in 为单位。中间的字母或符号有特殊含义:"×"表示高压胎;"R""Z"表示子午胎;"—"表示低压胎。

(2) 层级 层级是指轮胎橡胶层内帘布的公称层数,与实际帘布层数不完全一致,是轮胎强度的重要指标。层级用中文标志，如12层级；用英文标志，如"14P.R"，即14层极。

（3）帘线材料　有的轮胎单独标示，如"尼龙"（NYLON），一般标在层级之后；也有的轮胎厂家标注在规格之后，用汉语拼音的第一个字母表示，如9.00-20N、7.50-20G等，N表示尼龙、G表示钢丝、M表示棉线、R表示人造丝。

（4）负荷及气压　一般标示最大负荷及相应气压，负荷以"kg"为单位，气压即轮胎胎压，单位为"kPa"。

（5）轮辋规格　表示与轮胎相配用的轮辋规格。便于实际使用，如"标准轮辋5.00F"。

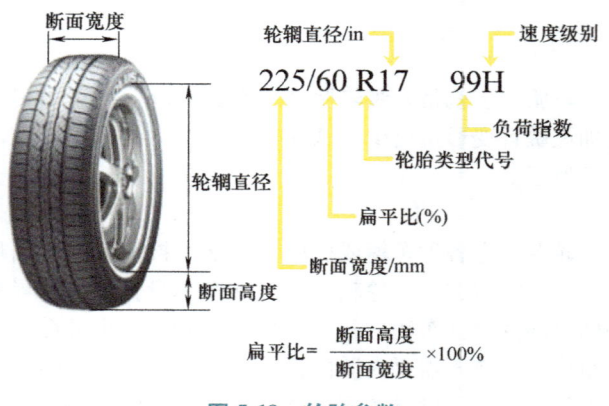

图5-19　轮胎参数

（6）平衡标志　平衡标志用彩色橡胶制成标记形状，印在胎侧，表示轮胎此处最轻，组装时应正对气门嘴，以保证整个轮胎的平衡性。

（7）滚动方向　轮胎上的花纹对行驶中的排水防滑特别关键，所以花纹不对称的越野车轮胎常用箭头标志装配滚动方向，以保证设计的附着力、防滑等性能。如果装错，则适得其反。

（8）磨损极限标志　轮胎一侧用橡胶条、块标示轮胎的磨损极限，一旦轮胎磨损达到这一标志位置应及时更换，否则会因强度不够中途爆胎。

（9）生产批号　生产批号用一组数字及字母标志，表示轮胎的制造年月及数量。如"98N08B5820"表示1998年8月B组生产的第5820只轮胎。生产批号用于识别轮胎的新旧程度及存放时间。

4. 轮胎的保养

1）在胎压不足的情况下不要开车或长时间泊车，必须立刻处理，因为这会造成胎壁和胎面的损伤、变形，尤其这些损伤与变形有时并不易被肉眼察觉，但会造成安全上严重的潜在危机，如果只发生在某一轮或某一边还会破坏操控的平衡。

2）胎压过高会使轮胎的接地面积减少，造成行路性粗糙、胎面变形和循迹性的降低，并且会造成胎面中间的磨损大于两边的不正常状态。

3）过大的外倾角和束角设定，会增加胎面的磨耗并会造成行驶的不安定性，所以定位角度调整是非常重要的。

4）轮胎的平衡也是一个重要的问题。平衡不良的轮胎会造成行驶时的抖动，这抖动会经由转向盘传至驾驶人的手上，抖动不但降低行车稳定性，并会把胎面变得凹凸不平。所以当突然感觉到来自轮胎的新的抖动，应该马上检查轮胎的平衡，很可能是轮胎的平衡配重铅块脱落了，务必在伤害造成之前即时补救。

5）定期检查轮胎的磨损情况。要留意胎纹的厚度、轮胎的中央和两侧是否有不正常的磨损出现。如果中间胎纹的磨损大于两侧，是胎压过高所造成的；若是两侧磨损大于中间，是胎压不足造成的。如果圆周出现凹凸不平的情况，是轮胎本身的平衡度不佳。如果胎壁出现凸起的现象，可能是胎压严重不足又持续;行驶或长时间泊车所导致胎壁变形、受损所造成的。如果出现外侧或内侧单边的不正常磨损，是四轮定位角度不当造成的。

6）轮胎的性能会因为胎质的变硬而退化，而胎质变硬最主要的原因是老化。紫外线和新鲜空气都会加速橡胶的老化，所以如果要收藏堪用或备用的轮胎（尤其是高性能的赛车胎）时，最好先用不透明的塑胶袋把它包起来，这样可隔绝紫外线和新鲜空气，有效延长轮胎的寿命。

7）高性能轮胎在汽车高速行驶后会产生大量的热，胎质越软的胎越容易蓄热，造成胎面的高温。有的轮胎的材质软到行驶后会产生胎面的热溶现象，热溶的胎面会粘起路面的小砂石，在汽车高速行驶后必须将胎面的异物清除干净，否则会有戳破胎面的危险。

【任务实施】

汽车车轮改装

一、设备、工具和材料准备

车轮改装设备、工具见表5-11。

表5-11 车轮改装设备、工具

序 号	设备、工具	图 例
1	轮毂	
2	轮胎	
3	扒胎机	
4	轮胎扳手一套	

（续）

序　号	设备、工具	图　例
5	千斤顶	

二、任务实施步骤及要求

车轮改装步骤见表5-12。

表 5-12　车轮改装步骤

步骤	操 作 内 容	操作示意图	技 术 要 求
1	拆下旧车轮		注意防盗螺栓的拆卸
2	检测新车轮		检测胎压及密封性

项目五　汽车外装饰

（续）

步骤	操作内容	操作示意图	技术要求
3	动平衡调试		正确加装铅块
4	安装新车轮		按照标准力矩拧紧车轮螺栓
5	完成安装		—

任务六　汽车底盘护甲加装

【任务导入】

汽车底盘是除轮胎以外最贴近地面的汽车部件。车辆在行驶过程中，路面上飞溅起的沙粒不断地撞击底盘，底盘上原有的防锈层会逐渐被破坏，使金属暴露在外面。尤其是驾车高速行驶时，会大大增加沙石对车辆底盘的撞击力度，细小的沙石会像锋利的小刀一样切削底盘，形成划伤和斑点，严重时还会使底盘变形、漏油、尾气泄漏、转向受损、制动失灵等。

另外，水汽、酸雨、融雪剂都会腐蚀汽车底盘，随着车辆行驶里程和时间的延长，底盘会逐渐锈蚀、老化。底盘是总成和机构的载体，车辆受到的各种载荷都要施加在底盘上，底盘受侵蚀后，会使得总成和机构与底盘的相互配合尺寸发生变化，汽车在道路上行驶时的噪声就会很清晰地传到车内。

为了防止底盘受侵蚀，要对底盘加以保护，以延长底盘保持良好的技术状态的时间。一般底盘保护有底盘塑封和底盘装甲两种方式，还有单独针对发动机和变速器的加装底盘护板等保护底盘的方法。

【学习目标】

目标名称	目标内容
知识目标	1. 掌握底盘装甲的概念
	2. 了解汽车底盘锈蚀的原因
	3. 掌握底盘装甲的作用
技能目标	1. 会正确选用底盘装甲材料
	2. 会进行底盘装甲的涂装操作

【知识准备】

一、底盘塑封

汽车底部由于其部位特殊，工作条件最为恶劣，常采用底盘塑封，以延长底盘寿命。底盘塑封是将专用的底盘喷胶（图 5-20）喷涂在底盘上，形成 2mm 左右的保护层，使底盘与外界隔绝，以降低沙石撞击的力度，还能达到防腐、防锈、隔音的功能，延长车身寿命。尤其是在雨水、雪水和融雪剂具有强腐蚀性时，底盘塑封更是显得重要。底盘塑封后还可以起到隔音的作用，减小车内的噪声。

底盘塑封是目前保护汽车底盘裸露部件切实可行的方法，具体作用如下：

1. 底盘塑封的作用

图 5-20　底盘喷胶

1）防腐蚀。雨水、雪水、洗车污水等残留在车辆底部，长久下去就会腐蚀汽车底盘。如果汽车底部做了塑封，这些腐蚀性的液体就不容易侵蚀到底盘。

项目五 汽车外装饰

2）防撞击。车辆在行驶的过程中，路面上溅起的小石子可能会击破车底金属漆膜，锈蚀底盘。塑封后喷涂材料的厚度可达1.5~2.5mm，能抗击较大的冲击力，可有效地减轻凸起物对底盘的伤害，减小底盘损坏和锈蚀的可能性。

3）防振动。发动机、车轮均固定在底盘上，它们的振动在某一频率上会与底盘共鸣，使人产生很不舒服的感觉，而底盘塑封能在一定程度上消除共鸣。

4）保温，节省燃油。在冬季，打开车内空调后，冷热空气大多集中在车辆的地板上进行交换。如果汽车做了底盘塑封，那么其膜内的石英砂会将冷热空气有效隔离，保证车内温度恒定。夏季开空调后，底盘塑封可以隔离外界热气的蒸烤，有效保持车内温度节省燃料。

5）隔音降噪，保持车内安静环境。车辆快速行驶在道路上，车轮与地面的摩擦声与速度成正比，底盘塑封可较好地保护汽车底部，起到隔音降噪的作用。

2. 底盘塑封注意事项

1）操作时，喷枪与施工面要保持25cm左右的距离，来回均匀喷涂，建议喷涂3~4遍。在第一次喷涂完毕以后，对空洞缝隙处应使用原子灰封刮平整，再次喷涂。每遍之间间隔20min，厚度保持在1.5mm以上才能保证它的隔音效果。

2）施工完毕，等待20min左右，去除封盖物。如果在不应喷涂物体的漆面上有飞溅的塑封材料，可用毛巾蘸少许酒精、汽油等清洗干净。喷涂后一定要等到表面干燥，即表面已经不粘手了，才能把车开走，并且48h之内不要对底盘进行高压水枪冲洗。

3）胶质材料的固结过程中会挥发有害气体，在没有防护措施的情况下对操作者健康不利。施工人员操作时要注意呼吸道、眼睛的防护。眼睛一旦进入异物立即用清水冲洗。喷涂时，应选择在通风开放处。

4）某些品牌车辆在出厂时本身就有较完善的底盘防护措施，新车再做底盘塑封的必要性不大，而其他经济型轿车可根据情况选择做底盘塑封。

二、底盘装甲

底盘装甲（图5-21）是目前国际上流行的一种底盘防护措施。它采用橡胶和聚酯材料的混合配方，将其喷涂在底盘上，施工厚度为4mm左右，局部5mm以上。这种涂层具有高弹性，有效减弱了砾石直接打在金属上发出的声音。它不仅可以减小原有的底盘受侵蚀、隔绝砂石打击底盘发出的噪声，还可以很好地过滤掉行驶过程中由底盘传入驾驶室内的噪声。采用底盘装甲后，音响在车辆行驶中的表现也会更好一些。

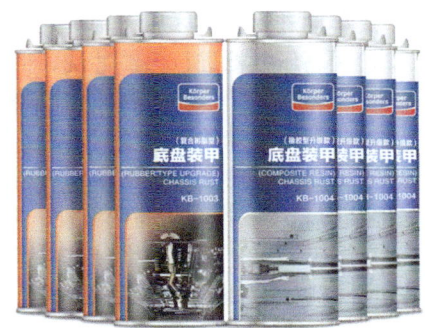

图5-21 底盘装甲

底盘装甲目标消费群体为新车主。在国外，底盘防锈受到高度重视，因为它会破坏车架原有支撑力。汽车消费比较成熟的地区，新车落地，超过九成的车主第一件事就是底盘防锈。底盘装甲是高档车的必备，像奔驰、宝马这些高档车出厂时就有比较完善的底盘防护措施。我国汽车市场日趋活跃，国内车主对底盘的保护意识也逐渐提高，越来越多的人意识到了底盘护理的重要性。

1. 底盘装甲的作用

底盘装甲具有以下作用：

1）增强耐候性。夏日里地表的烘烤，酸雨的侵袭，大气的潮气、盐分，冬季雪道上融雪剂的腐蚀等，这些因素都会侵蚀车底。底盘装甲可有效防止汽车生锈、老化，即使在沿海城市温暖潮湿的气候下，也可减小带有盐分的海风对车辆的影响。

2）防御沙石撞击。当汽车行驶在路况不好的路面上，路面上的沙石被振动飞溅后会不断撞击汽车底盘与轮毂等部位。底盘装甲可以保护汽车底盘原有的防锈漆和镀锌层,以防金属裸露在外,与空气中的潮气和酸雨等接触生锈,强效抵御锈迹迅速蔓延,防止腐蚀车辆零部件。

3）加强行驶安全。受损的底盘可能会导致底盘的一些零件变形,特别是上下摆臂、转向横拉杆等容易发生变形,一些轻微刮碰同样会引起油箱发生轻微渗漏。这些变形和渗漏不容易被检测到,但是却会严重影响行车安全。而进行了底盘防撞防锈处理之后,底盘不易受损,提高了行车安全。

4）使车辆保值。据调查,一般新车使用3年左右,就会发生锈蚀。而与之相对应的一个事实是：车辆保养越好,价值越高。

5）提高驾驶舒适性。由于底盘防撞防锈采用了具有弹性的材质进行密封性处理,一方面大大增加了车辆行驶的平稳性;另一方面极大减小了行驶过程中车辆的噪声。所以驾驶的舒适性比没有做过底盘防撞防锈的车辆高了很多。

2. 汽车底盘装甲和封塑的不同之处

底盘封塑不同于一般的防锈处理,它是将一种高附着性的柔性橡胶树脂喷涂在底盘上,使底盘与外界隔绝,达到防腐、防锈、隔音的效果,能延长车身寿命。底盘封塑可以保护汽车底盘裸露钢板,防砾石击打,防腐,但会有砾石打在底盘上的声音。要想隔绝沙石打击底盘发出的噪声,就要进行底盘装甲。底盘装甲除具有封塑的两项功能外,还有显著的隔声降噪功能。因为在进行装甲施工后,在底盘上会形成近0.5cm厚的橡胶和聚酯材料混合涂层。

这种涂层具有高弹性,有效减小了砾石直接打在金属上发出的噪声。除了功能不同,装甲的功能更全面外,两者的施工厚度和物理成分也有所不同。普通封塑为2mm的施工厚度,主要成分是聚酯材料,而底盘装甲是橡胶和聚酯材料混合配方,施工厚度为4mm,局部位置可以达到5mm以上,所以装甲的价格要高一些。

3. 底盘装甲的工序

1）车辆进入施工区后,用举升机推升到一定高度。

2）用高压气枪进行污渍冲洗,彻底清洗干净,如果旧车有锈皮的,则要铲除。新车喷涂由于底盘比较干净,时间短一些;而旧车清洁起来较费时,需要3h左右。

3）对车底特殊的部位进行遮蔽。

4）底盘装甲的选材：在喷涂材料选用方面,采用油、漆、PVC和柔性橡胶等为主要基材的材料基础结构。产品特性：高密蔽性、防水防锈、耐酸耐碱、耐热耐寒、弹性耐磨及无毒环保等。

5）施工工艺：采用各组分材料多层喷涂覆盖的方法,使具有防锈防水、弹性耐磨等不同特性的各组分材料恰当地分布在各层面上,提高了防护结构的合理性和耐久性。

6）施工人员进行喷涂施工,可以多次进行,也可以一次喷涂。一次喷涂省事但固化慢,实际效果相同;多次喷涂相对费事但固化比较快。需要注意的是：两次喷涂要间隔20min左右,待第一层喷涂干燥之后再进行第二次喷涂。

7）施工完成后,等待约1h,喷涂面表干(即表面已经不粘手了)才能把车辆开走。

三、底盘护板

底盘护板（图5-22）可以在车辆拖底时保护汽车底盘,有塑料护板和钢护板两种。塑料护板能在剧烈磕碰时断裂或者撕开,吸收磕碰的能量,从而保护底盘部件;钢护板材质坚硬,其硬度甚至比底盘大梁的硬度还要高,在底盘受到碰撞时,钢护板的变形较小,可以很好地保护底盘不受损伤。

有些车型原车配备塑料护板,有些车型配备的是钢护板。两者都可以对底盘的局部部位进行有效防护。

底盘护板的作用如下：

1）保护发动机油底壳、变速器及底盘免遭碰撞、划伤，减少维修成本。

2）泥浆、雨水等不易甩入发动机内，避免发动机腐蚀及生锈，不影响发动机的正常环境，延长发动机的使用寿命。

3）减缓碰撞反弹力度。

4）减小汽车高速行驶过程中产生的阻力，降低油耗。

塑料护板和钢护板都是在重要的需要保护的总成和机构的下面装配的，如在发动机、变速器和传动机构下面。

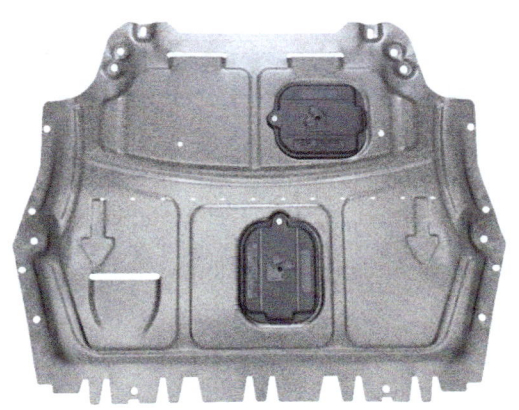

图 5-22　底盘护板

车辆在加装底盘护板时，可根据车主的需要考虑加装塑料护板还是钢护板。塑料护板的价格比钢护板的价格低一些。一般的行驶条件塑料护板就基本可以满足使用要求，若是经常在道路条件差的地域行驶或是在无路条件下行驶，就应该选择钢护板。

采用塑料护板时，需要注意，护板的材料和形状应该满足使用要求。材料尽量选择弹性和硬度较好的，在受到较小的冲击时，可以有一定的变形但不至于破碎，还可以起到支撑的作用。在受到较大冲击时，可以因为塑料护板的破裂而吸收冲击的能量。

采用钢护板时，同样需要注意护板的材料和形状应该满足使用要求。车辆在加装钢护板时，尽量选择原厂的钢护板，若没有原厂的钢护板，也可以选择选配的护板。但是，一般来说，选装的钢板材质不是十分好，一般托底的时候可以起到保护作用，剧烈磕碰的时候虽然不会断裂，但钢板的凹陷会顶到需要保护的部件上。也就是说，如果遇到非常剧烈的磕碰时，选装的钢护板起的保护作用很小。原厂或是品质较高的底盘护板的硬度很高，价格相对普通材料的底盘护板也要高得多，但可以对底盘的重要部件起到更有效的保护作用。

【任务实施】

实训一　底盘封胶

一、设备、工具和材料准备

汽车底盘封胶设备、工具见表 5-13。

表 5-13　汽车底盘封胶设备、工具

序号	设备、工具	图 例
1	喷涂工具	

(续)

序号	设备、工具	图 例
2	清洗工具	 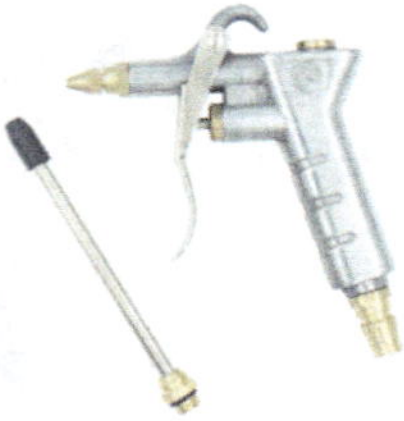  
3	防护用品	   
4	辅助工具	   

二、任务实施步骤及要求

汽车底盘封胶步骤见表5-14。

表5-14 汽车底盘封胶步骤

步骤	操作内容	操作示意图	技术要求
1	清洗底盘		1）在洗车区，按一般洗车程序对车辆进行首次清洗，重点冲去底盘下部、轮胎上方等部位的大块泥沙 2）用举升机把车辆升起，拆卸四个车轮，配合专用清洁刷及专用清洁剂（或脱脂剂）对车辆底盘进行彻底清洗。将4轮内衬里面、底板下面的死角用铁铲刀、钢丝刷、砂纸并配合高压水枪等进行彻底清洁，发现起皮、脱落的涂层用灰铲铲去，生锈的部位用砂纸抛光，再用高压水枪冲洗，确保无尘土、无锈。只有清洁干净，才能保证施工质量

（续）

步骤	操作内容	操作示意图	技术要求
2	风干及遮蔽		1）配合气动风枪对底盘清洁位置进行风干 2）使用专用遮蔽纸及遮蔽胶带，对底盘不必施工的位置进行严格遮蔽（排气管、传动轴、制动盘、减振器等），同时须对车辆整个漆面进行全面遮蔽
3	开料喷涂		1）按不同型号材料的要求，用专用稀释剂进行调配 2）连接专用喷涂工具，使用标准气压，对所需施工的部位均匀喷涂，达到整体覆盖的效果。间隔20min后，再进行第二次喷涂 3）底盘大梁两侧至下裙位置，及四个轮弧位置，须加强喷涂，使防锈及隔声效果更明显

实训二　汽车底盘护甲加装

一、设备、工具和材料准备

汽车底盘护甲设备、工具见表5-15。

表5-15　汽车底盘护甲设备、工具

序号	设备、工具	图例
1	设备工具	
2	耗材	
3	人员防护用品	

二、任务实施步骤及要求

汽车底盘护甲加装步骤见表 5-16。

表 5-16 汽车底盘护甲加装步骤

步骤	操作内容	操作示意图	技术要求
1	清洁除锈		举升汽车，用高压水枪冲洗底盘，先涂上发动机外部清洗剂或发动机脱脂剂，去除底盘上黏结的油泥和沙子，或用特制砂纸打磨掉原防锈层。注意车辆轮弧、挡泥板及挡泥板衬边的污垢。用水冲洗轮弧、挡泥板及挡泥板衬边。对于顽垢，可以用刷子刷洗。对于旧车，清除锈蚀点的锈斑，新车只做简单的清洗工作
2	底盘干燥		底盘清洁后需要用压缩空气吹干清洗过的各部位。对于难以吹干的部位，用毛巾擦干
3	喷涂前准备		做喷涂前准备：操作时必须保证对非施工部位的遮蔽保护，以防因喷涂而影响车辆的性能，将车辆油漆部分和底盘的油管、排气管等部位遮蔽。在施工场地上铺好遮蔽膜，以利于施工后的清洁，用专用塑料遮蔽膜沿着车辆的边缘粘贴后展开，对车辆全身进行严密包裹，以防喷漆施工时污染车辆
4	喷涂		1）施工部位：车辆底盘钢板、轮弧 2）检查喷机气压是否充足，如果不足，则应充足后使用。先对车辆翼子板进行喷涂，使用前充分摇晃容器。注意：作业人员施工时做好必要的防护措施，将口罩和防护手套戴上 3）使用前用力摇匀容器罐，拉开拉环，将喷枪吸管插穿铝膜，并拧紧容器罐与喷枪的对接口，即可开始喷涂。保持距离 30cm 喷涂，先水平喷涂，然后保持一定角度喷涂。最佳厚度为 1.5mm 以上 4）将底盘装甲各组分材料依次喷涂到底盘；喷涂之后，防撞防锈底漆应均匀分布，并有足够厚度 5）注意不要喷涂在车轴、驱动轴、发动机、变速器和排气管等移动部件上

项目五　汽车外装饰

（续）

步骤	操作内容	操作示意图	技术要求
5	涂层局部修补		1）约30min后，进行第二次喷涂。作业后，等待喷涂部位表干。底盘装甲分布均匀，呈黑色颗粒状，至少喷三层，厚度约为4mm 2）涂层局部修补，保证遮蔽性，越强越好
6	去除遮蔽物		1）去除周边遮蔽物，用专用清洁剂清洗周边非喷涂部位，并做好场地清洁工作 2）喷涂后20～30min，用手轻触底盘装甲，装甲表干，新车约1h即可上路，旧车要根据车况而定 3）涂层完全固化时间为3天左右，在此期间，不影响车辆的使用（不要洗车） 4）将轮胎装好后，仔细检查车身漆面是否有装甲残留物，如果有，则应及时清理干净
7	完工检查		—

任务七　车身贴膜与彩贴

【任务导入】

随着人们对自驾车个性化要求的提高，汽车喷绘、汽车涂鸦、汽车保护膜等行业逐渐兴起。欧美国家的汽车喷绘在20年前就已经非常流行，但真正进入我国只有十几年的时间，因为其比较高的制作价格，基本还属于"高端产品"。目前，对车辆进行喷绘的客户多为年轻人和事业有成的中年人，喷绘的车型从普通的宝来、波罗到高端的凯迪拉克、宝马。

目标名称	目标内容
知识目标	1. 了解车身保护膜产品的种类
	2. 了解车身彩贴产品的特点
技能目标	1. 会进行简单的车身贴膜操作
	2. 能进行车身彩贴粘贴操作

一、车身保护膜

1. 保护膜的作用

汽车保护膜用于保护车身易受擦撞的部位表面，当受到轻度擦撞时，不至于使漆膜受到刮伤掉漆，保护膜具有超强的韧性，无色透明，常用于保险杠、发动机舱盖、前、后车门和后视镜等部位的保护。

2. 保护膜的种类

（1）3M 犀牛皮　"犀牛皮"采用高科技质感的聚氨酯薄膜制成，具有强韧性，能保护车体各部位烤漆表面免遭剥落、划伤，并防止烤漆表面生锈及老化发黄。同时，"犀牛皮"还具有防碎石碰撞摩擦和抗击紫外线照射的能力。由于其卓越的材料延展性、透明性及曲面适应性，装贴后绝不影响车身外观，现在已被越来越多的汽车生产厂商所使用。"犀牛皮"装贴的主要部位有前/后保险杠、发动机舱盖板前缘、轮辋前缘、后视镜外缘、门外缘、开门把手内缘、钥匙孔、行李舱及侧门踏板等，能有效保护车身，门边、踏板，后视镜，门把手和前、后保险杠等各个部位，既美观又耐刮擦，而且不易老化、褪色、耐热性和耐蚀性都很强。

（2）门把手保护膜　由于把手是驾乘人员上、下车必须抓拿的部位，指甲、戒指等碰擦很容易留下痕迹，对漆面造成伤害。门把手保护膜（图 5-23）能呵护把手，使车身表面无划痕，防止掉漆，不发黑，不生锈，强耐磨性，抗高温，高黏性，操作简单，不留痕，防止车身表面受到损伤。

图 5-23　门把手保护膜

3. 保护膜的粘贴工艺

（1）保护膜粘贴步骤

1）正确选择保护膜。

2）清洗装饰部位，用清洁剂清洗需要装饰的部位，清除油污、尘土及异物等，使表面清洁、干燥。

3）撕掉保护膜衬纸，将保护膜平整地粘贴到车身表面上。

4）消除保护膜与漆膜之间的空隙和空气，使保护膜牢固地粘贴在车辆上。

（2）保护膜粘贴技术标准及要求

1）粘贴温度要求。粘贴彩条贴膜只能在 16～27℃进行。若温度过高，会导致贴膜变大，湿溶液迅速蒸发；若温度过低，会影响贴膜的柔性，从而影响附着效果。

2）车身表面清洁要求。为了使彩条正常地贴上去，车身表面必须没有灰尘、蜡和其他脏物。清洁粘贴位置，必要时还应进行抛光处理。揭去背膜，粘贴压牢即可。

二、车身改色膜

汽车改色称为"炫彩车间"，改色是为了满足人们对个性的追求。高品质的炫彩个性汽车改色如图 5-24 所示。

1. 车身贴膜改色与传统车身装饰对比

车身贴膜改色装饰工艺与传统喷漆及车身彩绘对比见表 5-17。

图 5-24　炫彩个性汽车改色

表 5-17　车身贴膜改色装饰工艺与传统喷漆及车身彩绘对比

区　分	车身改色贴膜	传统喷漆、车身彩绘
原漆损伤	无须打磨原漆，轻松一贴就可完成	复杂烦琐，需经过抛光、打磨、上光和喷漆等多重反复工序，破坏原漆
保护性能	覆盖车漆表面，隔离性保护，长久有效	原漆融合，随时间衰退减弱
色彩均匀度	整车完全一致，无色差	人工喷漆较难控制，容易产生色差
色彩光泽度	色彩饱和逼真，长久保持与车漆一样的光泽度	色彩光泽及饱和度易受施工影响，保持时间短
质感处理	多种表现材质，无须特殊制作拿来即贴	特殊质感制作费用较高，难度较大
画面绘制	计算机喷绘，分辨率高，清晰逼真，可呈现任何复杂画面，长久不脱落、不褪色	对施工人员美术功底要求较高，喷绘技巧性强，难以展现复杂画面，清晰度高，易脱落
环保属性	安全环保，无污染	对汽车与环境的污染均较大
施工时间	2~3 天	1~5 天
汽车保值	揭除后原漆亮丽如新，车辆最大化保值	毁坏原漆，转手时易被怀疑成事故车辆而贬值

车身贴膜改色装饰工艺与传统封釉、镀膜对比见表 5-18。

表 5-18　车身贴膜改色装饰工艺与传统封釉、镀膜对比

区　分	透明保护膜	传统封釉、镀膜
保护方式	物理性隔离保护	化学性强化保护
车漆损伤度	不腐蚀车漆	腐蚀车漆
耐蚀性	密封漆面，防 UV，避免腐蚀、氧化、褪色以及老化发生	能力加强，减缓腐蚀、氧化及老化发生
抗划能力	阻断划损，即使膜受损，漆面也不受损伤	漆面硬度高，易产生永久性划痕
环保属性	安全环保，无污染	具有一定的腐蚀性，污染环境
光泽度	长久保护新车光泽	短暂保持漆面光泽
保养度	易于清洗保养，不褪色、不变质	长期清洗，漆面老化、褪色
车辆价值	随时可揭，原漆崭新如初	原漆受损，很难恢复原有光彩
时效	保证 4 年（彩色）~5 年（黑白）	保持时间 6~15 个月
养护费用	低	高

2. 车身改色膜材料

车身改色膜是由稳定型聚氯乙烯膜和高性能、低初黏度丙烯酸背胶组成的车身专业改色膜，带有"去泡"胶系统，特殊的低初黏度背胶与聚氯乙烯膜的柔性决定了产品卓越的可复位性。胶水对漆面不会产生影响，100μm 的厚度也加强了对车身的良好保护，使车身极大地减少了因蹦石、刮擦等而产生的机械性损伤。需要去除时，膜很容易被揭掉，并且在车身上几乎不留有任何残胶。汽车改色膜具有不留残胶、强力贴覆、增强耐磨耐划、便捷护理、色感饱满、防止腐蚀、隔热阻燃、任意曲面贴身包覆以及超级环保等基本特性，除此之外还具备完美保护原厂车漆、增强贴车耐久性及降低了施工难度、施工一步到位不浪费等优势。

3. 车身改色膜种类

（1）亚光透明膜

1）特点：具有透明磨砂面。亚光透明膜如图 5-25 所示。

2）功能：将亮丽车漆改成亚光效果；保护车身原厂车漆；不打磨、不伤漆；隔离性保护车漆；抗击行驶中飞起的石子和划痕；环保无毒施工；全车体包覆；随时去除，无残留胶体；车辆保值。

3）贴饰效果：全车亚光，局部亚光。

（2）亮光膜　亮光膜如图 5-26 所示。

1）特点：色彩丰富，可选颜色多达 100 余种。

2）功能：改变车身颜色，保护车身原厂车漆，满足车辆特定颜色的需求，特种车辆（赛车、企业、执法机关、军队）创意改色，车漆质感，紫外线照射无色差，环保无毒施工，全车体包覆，去除无残留胶体，抗磨损和侵蚀，车辆保值。

图 5-25　亚光透明膜

图 5-26　亮光膜

3）贴饰效果：全车单色，全车双色，局部改色（车顶、发动机舱盖等），创意图案效果。

（3）汽车电镀膜　汽车电镀膜如图 5-27 所示。

（4）LFC 高光车漆

1）特点：LFC 高光车漆是用于汽车外观装饰用的铸压乙烯薄膜，坚固耐用，使用寿命长达 5 年，同时具有附着力极强的丙烯酸压敏胶层，配有硅质聚酯薄膜的保护膜，容易去除膜上的灰尘和杂质，如图 5-28 所示。

2）贴饰效果：真正的高光，因特殊表面具有抗划性能，可自我恢复划痕，极强稳定性、收缩率小于 5%，完美的延展性，极易去除杂质或灰尘，亮黑膜为无与伦比的钢琴漆效果。

图 5-27　汽车电镀膜

图 5-28　LFC 高光车漆

（5）PermaFun 透明装饰膜

PermaFun 透明装饰膜分为珠光、拉丝和皮革三种材料。

特点：具有逼真的纹理表面，具有显著的装饰效果，可增强装饰表面的视觉效果和立体感，给单纯的颜色表面添加珠光、皮革或拉丝的修饰效果，保质期为5年，不受清洁剂的影响。

（6）亚光膜

1）特点：具有光线反射程度低的特殊效果。

2）颜色：常用颜色有亚光黑、亚光白、亚光绿、亚光黄、亚光红、亚光蓝、亚光灰、亚光银和亚光军绿。

3）功能：亚光涂装质感，保护车身原厂车漆，提高车身洁面效果，紫外线照射无色差，环保无毒施工，全车体包覆，去除无残留胶体，车辆保值。

4）贴饰效果：全车、局部或内饰亚光。亚光膜实车施工效果如图5-29所示。

（7）碳纤维膜 碳纤维膜粘贴如图5-30所示。

功能：车辆碳纤维膜有很好的视觉效果，成本低于碳纤维材料部件，保护车身原厂车漆，提高车身洁面效果、车漆质感，紫外线照射无色差，环保无毒施工，全车体包覆，去除无残留胶体。

（8）车灯改色膜 车灯改色膜具有超强弹力的聚氨酯材质，可用于前照灯、后灯和雾灯上，具有多种颜色的装饰效果，如图5-31所示。

图5-29 亚光膜实车施工效果

图5-30 碳纤维膜粘贴

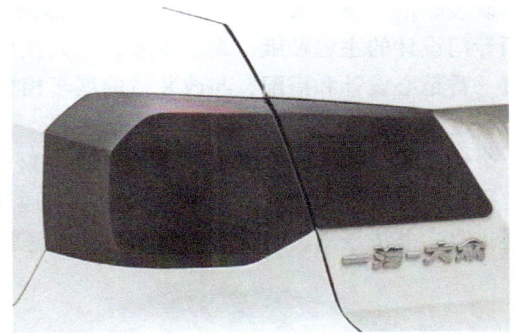

图5-31 车灯改色膜

1）颜色：烟熏色、浅灰色、红色、黄色和蓝色。

2）功能：车灯有多种变色效果，可防止高速行驶中碎石的侵害，可防止日常的小划痕，紫外线照射无色差，环保无毒施工，全车体包覆，去除无残留胶体。

3）贴饰效果：车灯改色，产生HID的光学效果。

三、汽车彩贴

汽车彩贴起源于赛车运动，早期汽车彩贴一般都是赞助厂商的商标和车队的队标等。现代车主已不满足于单一色调的车身油漆颜色，车主们常将个性体现在绚丽多彩的车身上。汽车彩贴纸并非是年轻人的专利，各个年龄段的人，只要热爱汽车文化、热爱生活都能从汽车彩贴中发现乐趣。车身贴饰使汽车车身成为一件精致的综合艺术品，不仅能突出车身清晰的雕塑形体，还能以悦目的色彩使人获得美的感受，点缀人们的生活环境。

彩贴纸类型及选用见表5-19。

表 5-19　彩贴纸类型及选用

项目类型	应用车型	选用种类	贴纸特点
运动贴纸	赛车	拉力赛车：车队标志、赞助商标志	动感十足
		场地赛车：火焰、赛旗的图案	
改装贴纸	改装车或新车展车	专门设计的主题贴纸	绚丽多彩、引人注目
个性贴纸	私家车	依照车主个人喜好个性化制作	个性张扬

1. 运动贴纸

运动贴纸主要是指赛车运动贴纸，场地赛与拉力赛所用车型和赛道各有不同，汽车贴纸也有相应的区别。拉力赛汽车贴纸图案重点突出的是车队的标志及主要赞助商的标志，色彩上配合该车队的整体设计风格，以便更好地达到宣传效果。场地赛车贴纸常会见到火焰、赛旗和波浪等动感十足的图案，为赛车运动增色不少。运动型贴纸如图 5-32 所示。运动风格汽车贴纸的图案简洁动感，利用简单的贴纸就可以从自己的车辆上找到赛车的感觉。

图 5-32　运动型贴纸

2. 改装贴纸

改装贴纸（图 5-33）是指各个改装厂商为参展或推广新产品，在展车上为配合某款车型或产品而专门设计的主题贴纸，绚丽多彩，引人注目。还有很多图案是改装厂的标志和改装品的标志，经过一番精心设计和搭配，与改装过的展车相得益彰。

3. 个性贴纸

个性贴纸（图 5-34）是依照车主个人喜好和品位，量车定做的个性化贴纸。艺术风格汽车贴纸常采用流线、几何图形或者动漫人物、卡通动物，也有一些车主喜欢中国传统图案的风格，如水墨丹青、书法篆刻、图腾脸谱等图案，车身就是车主表达自己生活方式的 T 型台。

图 5-33　改装贴纸

图 5-34　个性贴纸

【任务实施】

车身改色膜粘贴

一、场地、设备、工具和材料准备

车身改色膜粘贴场地、设备和工具见表 5-20。

项目五　汽车外装饰　117

表 5-20　车身改色膜粘贴场地、设备和工具

序号	场地、设备、工具	图　例
1	贴膜场地	
2	排水工具	
3	裁膜工具	
4	清洁用品	
5	热风机	

二、任务实施步骤及要求

车身改色膜粘贴步骤见表 5-21。

表 5-21　车身改色膜粘贴步骤

步骤	操作内容	操作示意图	技术要求
1	洗车		清洗干净车身，注意细节位置的清洗
2	测量尺寸		精准测量车身尺寸避免浪费
3	刮膜		用刮板赶走气泡让改色膜平整地粘合在车身上
4	收边		仔细收边收尾
5	完工检查		检查粘贴质量

项目五 汽车外装饰

任务八　车身彩绘

【任务导入】

汽车彩绘是一门艺术，既是车与人、车与自然的完美结合，也是车与艺术、车与商机的完美交融，既能体现独特的人文风貌和悠久历史，又能让大众感受到汽车文化的魅力。

【学习目标】

目标名称	目标内容
知识目标	1. 了解车身彩绘特点
	2. 掌握车身彩绘设计要求
技能目标	1. 能根据计算机设计出的简单图样进行喷绘操作
	2. 具备一定车身彩绘鉴赏能力

【知识准备】

一、车身彩绘概念与作用

随着人们自我个性的张扬，改装车辆逐渐增多，而为了配合夸张的外形和音响系统等的改装，汽车彩绘也开始被更多的人接受和喜爱。科幻的空间、可爱的卡通人物和炙热的火焰等，这些汽车彩绘代表着每辆车的个性。汽车彩绘目前已成为商家全面提升竞争力宣传活动中的一个重要手段，欢庆类、涂鸦类彩绘如图5-35所示。

图5-35　欢庆类、涂鸦类彩绘

汽车喷绘又称为"艺术烤漆"式"文身"，这是一种在保护车身表面的同时又能装饰车体，彰显车主与众不同的个性化装饰形式。

随着汽车的普及，汽车"文身"目前已经成为一种时尚，并发展成为一项庞大的产业。不少车主开始狂热追求个性的、独特的表现形式，从用车到玩车的观念蜕变，必然促使汽车"文身"演绎出其独特的汽车文化。充满文化韵味的汽车个性化文身，哪怕是局部的一部分，如汽车的燃油箱盖、发动机舱盖，以非常精妙的小画面吸引客户的目光。还有些客户的汽车，不小心被碰掉了小面积的漆块或者很深的划痕，也可以借助汽车个性化文身在损伤处进行艺术加工，喷上一个活灵活现的小动物或非常漂亮的图案，既有一定的美感，又将汽车漆面修复好，一举两得。汽车

"艺术烤漆"式的个性化文身,是一种主动性较强的创作过程,消费者通过与设计人员充分的交流,体现自己的意图,最后通过艺术加工彰显车主的个性。而在技术层面上,"艺术烤漆"式的个性化文身能使汽车长期保持亮丽如新的同时,养护起来也很方便,日常封釉就可以,与传统的汽车养护方法一样,具有永不脱落的效果,即使是不小心剐蹭,也很容易修复,这也让消费者不必为以后的养护护理担心。

目前的"艺术烤漆"是把艺术绘画与烤漆技术完美结合,达到最佳的烤漆美容效果,因此对烤漆技术上要求很高。为了保证烤漆后漆面的亮度和美观,在隔尘处理和温度控制等方面都要求很高,同时还要使烤漆图像清晰、形象、逼真等。汽车艺术烤漆作为比较前卫的汽车美容装饰技术,具有烤漆高保真的还原性和保护性,不怕火、不怕酸、耐高温、耐摩擦、防静电且抗紫外线,能使汽车长期保持亮丽如新的效果,并把艺术融入其中,给了车主彰显个性、表达自我的自由空间,如图5-36所示。

图5-36 个性化喷绘

二、汽车喷绘设计要求

1)汽车喷绘忌颜色乱搭。许多车主认为所谓"彩绘"就是用许多色彩融汇到一起,跟着感觉走,越随意越好。这种想法是极其错误的,一个不懂得绘画艺术的人,往往会弄巧成拙。

2)汽车喷绘忌缺乏主题。任何作品在创作之前(或创作过程当中)都要拟定一个主题,所有的"彩头"都是为这个主题服务的;否则,很容易就成为"四不像",而丧失了整体感觉和其原本的价值。

3)汽车喷绘忌乱用名画。

4)汽车喷绘忌一味地追逐新潮并不一定适用于所有地方。汽车彩绘不像买衣服那么简单,喷在车体上的漆料是不容易完全清除掉的,因此选择好图案和风格是很重要的。车身喷绘如图5-37所示。

图5-37 车身喷绘

项目五　汽车外装饰

车 身 彩 绘

一、设备、工具和材料准备

车身彩绘设备、工具见表5-22。

表5-22　车身彩绘设备、工具

序号	场地、设备、工具	图　　例
1	喷笔	
2	无尘打磨机	
3	红外线烤灯	
4	清洁用品	

（续）

序号	场地、设备、工具	图例
5	油漆	

二、任务实施步骤及要求

车身彩绘步骤见表5-23。

表5-23　车身彩绘步骤

步骤	操作内容	操作示意图	技术要求
1	去除清漆		将车身表面的清漆保护层打磨掉
2	遮蔽		使用遮蔽物将不需要喷绘的地方遮盖
3	清洁		使用专用清洁剂对将要进行喷绘的地方清洁

项目五　汽车外装饰　123

（续）

步骤	操作内容	操作示意图	技术要求
4	喷绘色漆		在车身表面喷绘出需要的图案
5	喷绘清漆		在喷绘作品表面重新喷涂清漆
6	干燥完工		—

项目六 汽车内装饰

任务一 汽车座椅改装

【任务导入】

汽车座椅不仅提供座位，使人轻松舒适地旅行，同时又是重要的安全部件，给坐在座椅上的乘车人员提供安全保护，如图6-1所示。

汽车的座椅基本上都是由汽车配件厂专门生产的。座椅的主骨架和形状一般是按人机工程学原理，以保证乘坐舒适、安全而设计的。

图6-1 汽车座椅

【学习目标】

目标名称	目标内容
知识目标	1. 了解汽车座椅的类型
	2. 掌握加装儿童座椅的必要性
技能目标	1. 能够根据车型选择适合的座椅
	2. 能够正确安装儿童座椅

【知识准备】

一、汽车座椅的基本要求

汽车座椅应符合以下条件：

1）座椅是汽车箱内体积最大的部件，所以在实际使用中，其体积尽量要小，重量要轻，成本也要低。

2）由于座椅是支撑人体的部件，因此要确保安全，必须满足各种标准和法规（形状、尺寸、强度等）的要求。

3）座椅应使乘车人员有良好的静压感，要让乘车人员以最小的肌肉活动就能保持自然舒适的姿势，同时要使身体压力的分布不会妨碍血液循环，也不会加速疲劳。因此，要适当选用座椅弹簧和衬垫材料，采用座椅调节装置和靠背倾斜调节装置调节座椅的高度和前后位置，使其功能合理化。

4) 座椅坐垫面必须可靠地承受入座人体的坐骨骨节。坐垫前角不要支撑大腿部，座椅靠背必须能承受制动踏板的反作用力，靠背应使长时间的前弯姿势不会疲劳。

5) 座椅应随行车条件的不同而改变姿势，人体的重心轴很容易通过腰关节的旋转轴（处于这种状态下，肌肉做功最少）。坐垫倾斜角可以调节，能调节人身下肢角度，使驾驶人在市区行车和在汽车专用道路上行车的感觉一样。

6) 为减小落座人体与座椅靠背的相对振动，座椅应装有好的弹簧系统。

二、汽车座椅的类型

汽车座椅可按形状、按功能、乘坐人数、使用性能和材质等进行分类，具体分类见表6-1。

表6-1　汽车座椅类型

分类依据	类　　型
按形状	分开式座椅、一体式座椅
按功能	固定式、可卸式、调节式
按乘坐人数	单人、双人、多人椅
按材质	真皮座椅、绒布座椅

三、座椅的选装

由于原厂在设计一张车用座椅时，是以车辆本身所设定的消费群的需求为标准的，因此除非是特殊的高性能车种，一般房车用的座椅，均以高舒适性设计为主要考量。首先，由于要兼顾到舒适性以及车内活动的便利性，再加上成本的考虑，因此一些较低价位的房车，座椅在腰部及腿部部分，无法精确地支撑驾驶人，而且座椅内部针对人机工程学的架构设计也较为简单，长时间乘坐时，容易出现腰酸背痛的现象。其次，这些强调舒适性的座椅，在抵抗弯道离心力时，无法支撑高速转弯所施加于身体的强大离心力，会让驾驶人的身体产生严重的侧倾状况，相对地也影响车身所传送的抓地力与转向的回馈力量。当然大部分的车主是不会迫使车子进入如此极限境界，但对于开车较快的驾驶人来说，这种状态将会使行车安全性随之降低，因此对座椅进行升级也在情理之中。

汽车座椅是车厢内占用面积最大、使用率最高的部件，选装时一是要考虑美观，二是要考虑实用。

1. 充分考虑驾驶习惯

市场上所销售的赛（跑）车座椅无论在产地、价位与种类方面都有着非常大的差别，消费者要根据自身的驾车习惯来选择适合自己的产品。例如经常开快车的车主或者改装后的要经常参加比赛的车辆，因为车辆平均行驶的速度较高，所以需要特别注意车辆转弯时对身体的支撑性，甚至对椅子的材料与重量都是有要求的。专业的桶式赛车座椅比普通座椅要低很多，没有仰合及前后高低调节，是为一个车手单独设计的，座椅位置完全按照车手的身材量身定制，焊死在钢架上。多余的调节系统会增加重量，容易出现故障。赛车座椅通常以硬塑料或碳纤维为骨架，外面包上轻质的防滑面料，靠背上方有用于专业安全带通过的孔，在腰部及头部两侧都有保护支撑，将车手完全绑在座椅上，防止急速转弯时离心力对车手的影响。此类座椅靠背和坐垫基本呈90°固定夹角，椅背角度不可调整，与一般的轿车座椅相比舒适性较差，但是在路况较差时能够有较高的路面回馈感,有较高的安全性能。

如果客户是中规中矩的驾驶人,只是单纯注重操控品质以及座椅的质感,并需要兼顾到乘坐的舒适性,那么可调整椅背角度的跑车座椅则较为合适,而且在等级、材料方面有较多的选择,但相对的因功能多而使得其重量较大,这些因素也会直接影响价格。

跑车式座椅由于是专门针对高速行驶的车身与人体动态反应而设计的,因此特别将椅背及椅垫这两个部分加以强化,使人体两侧的腰部和肩部以及背部能够有良好的侧向支撑性。另外,座椅本身的刚性也有所加强,因此能够对转弯时产生的离心力进行有效抗衡,能够更精准地感受到轮胎与路面的抓地性,为驾驶人带来极大的乐趣。当然,除了赛(跑)车座椅,对普通消费者来说,其他的可调节式的高级座椅也是很好的选择。

2. 考察汽车座椅的性能

1)座椅的乘坐舒适性要考虑两个方面:一是静压感,姿势、体压分布、触感等;二是动压感,上下、左右、前后方向的振动特性等。

2)座椅对人体尺寸变动的适应性要考虑座椅可调节的范围、调节方式、调节是否方便等。

3)座椅外观的美观程度。

4)座椅的安全性,耐久性,价格。

四、儿童座椅

1. 使用儿童安全座椅的必要性

据了解,全世界每年都有数以万计的儿童因车祸丧生或受到严重的伤害。在乘车时,儿童因无法判断需要采取什么样的安全措施使自己免受伤害,所以保护儿童是成年人的责任,尤其是作为驾驶人的父母的责任。解决幼小儿童乘车安全问题的有效办法就是让他们坐在儿童安全座椅里。

Volvo(沃尔沃)汽车公司的安全研究人员对涉及Volvo汽车的车祸数据进行了广泛的研究分析,从中得出的结论是,儿童乘车时将他们正确地固定在性能良好的儿童专用座椅上,就可以明显地减少受伤害的危险,得到的结论如下:

1)固定在后向式儿童专用座椅上的儿童与未系安全带的儿童相比,受伤害的概率可减少90%。

2)坐在带增强型儿童座椅上的儿童可提高80%的安全度。

3)儿童即使系上成年人用的安全带也可增加60%的安全性。

2. 儿童汽车安全座椅的选择

儿童汽车安全座椅有婴幼儿型、婴儿型、儿童增高座椅和全能型四大类。它们是专门为婴幼儿和儿童乘车设计的,通常是由汽车安全带固定在汽车后排座椅的中间,有的型号更有额外的加固系带将其与车身严密固定在一起,便于安装又有良好的安全保障。普遍的双结三带复合安全系带和独特设计的安全搭扣,以一种舒适妥帖的方式将乘坐儿童的胸腹和下肢固定在座椅上,多方位地调节紧固系统,有足够的调节空间,又提供了不可挣脱的充分保障。它完全排除了人手抱持可能产生的任何失误,也彻底避免了儿童单独乘坐时可能出现的乱摸乱动等各种意外,为儿童提供强有力的保护和缓冲作用。

选择儿童汽车安全座椅时,要根据儿童的具体情况进行选择。处在不同成长阶段的儿童所需要的安全座椅是不同的。

1)一岁以下的婴儿。一岁以下的婴儿是最娇嫩的群体,因而需要的保护也更多。但绝大部分乘客都是习惯把婴儿抱在怀里乘车,这是非常危险的举动。婴儿的头部较重,颈椎尚不能支撑头部重量,因此如果以面向车头的方式乘坐,极有可能会在紧急制动或意外事故中,使婴儿的头往前甩,造成严重的伤害。

针对一岁以下的婴儿,全球主流的共同设计标准多是采用向后乘坐设计,以避免冲撞时的冲击力皆集中在颈部，如此设计可将撞击力分散到骨骼较为强壮的部分（如腰、背、肩）。另外也有部分产品采用横向安装的卧床式设计，这种类型的保护装置也是不希望婴儿乘车时面向车内。后向使用的汽车安全座椅并不是越平躺越好。虽然感觉上似乎越平躺可以让婴儿越舒服，但过于平躺的角度有可能在事故发生时让婴儿飞出去撞到前座椅背，所以一些汽车大厂的产品，都附有角度检查器和角度调节器，有助于判定安装角度是否妥当安全。

2）满一岁的幼儿。婴儿满一岁后，体型比较大且发育较为完整。由于儿童的头部占的比例要比身体大，因此4岁以下的儿童（18kg以下）采用向后座椅最为安全。Volvo汽车公司交通事故研究组研究证明，后向式儿童安全座椅可将伤害减少90%。同正向座椅相比，向后座椅可将撞击力和对儿童头颈部的伤害减少一半。

3）4~12岁的儿童。4~12岁儿童的体重一般为15~36kg，这些儿童除了选择儿童座椅外，也可以选择儿童安全坐垫。由于这个年纪的儿童本身身高还不够，因此如直接使用汽车后座的安全带，安全带可能会高过儿童的脖子。当儿童被垫高后就可以使用成人安全带，保护儿童的胸部和头颈部。使用安全坐垫可将危险降低60%。

3. 儿童汽车安全座椅的安装

儿童汽车安全座椅一般安装在后排座椅上。在交通事故中，车辆前撞是最严重也是最经常发生的，坐在汽车后排座位的中间位置可以最大可能地远离危险。因为汽车安全气囊张开时的冲击力对于成年人来说是可以忍受的，而且受力部位在胸部，除擦伤外并不会造成严重的影响。但儿童的身体承受力要脆弱得多，安全气囊张开时的冲击力有可能对其造成胸部骨折、内出血等致命性的伤害。对于体型较矮的儿童来说，很多时候并不是胸部受力，而是颈部、面部受力，这样还有可能造成窒息和颈椎骨折等更严重的问题。所以，最好让孩子坐在后排，并且要坐在安全座椅上，再将安全带牢牢系上。

安装儿童汽车安全座椅应按照使用说明书要求，将安全座椅固定在汽车后座上，如果汽车安全带的腰跨部分不紧或安全座椅在座位上滑动，孩子就得不到充分的保护。当安全座椅固定好时，左右摇动幅度不应超过2cm。为了使安全座椅牢固稳定，可以将安全座椅向汽车座位中压，同时勒紧汽车安全带。如果还是摇动，试着安装在车内其他位置或换用其他类型的汽车安全带。

4. 安装汽车儿童安全座椅的注意事项

1）不要将儿童安全座椅安装在有安全气囊的汽车前排座椅上。汽车的后排座位是安装儿童安全座椅的理想安全位置。

2）确保儿童安全座椅的安全带的松紧及护垫的位置完全符合说明书的要求。

3）穿过儿童安全座椅的汽车安全带必须保持紧绷。

5. 使用汽车儿童安全座椅的注意事项

1）汽车在行进过程中，请将孩子始终放在儿童安全座椅中。

2）每把儿童安全座椅尽量固定给同一名儿童使用，以避免经常调整座椅的角度及安全带松紧而可能带来的安全隐患。

3）每次使用儿童安全座椅时，一定要确认汽车安全带是否扣紧以及儿童安全座椅与汽车座位是否平贴。

4）定期检查儿童安全座椅的完好性，并根据儿童的体形及穿着的变化及时调整儿童安全座椅安全带的松紧。

5）如长时间不用，将儿童安全座椅收藏至其他安全地方保存，并避免暴晒及潮湿环境。

6）当汽车紧急制动或受到撞击后，要确认儿童安全座椅的完好并重新绷紧，如有损坏或变形应立即更换。

7）炎热天气应等儿童安全座椅充分散热后再让儿童入座，以免灼伤。

【任务实施】

汽车儿童座椅安装

一、设备、工具和材料准备

汽车儿童座椅见表 6-2。

表 6-2　汽车儿童座椅

设备、工具	图　例
儿童座椅	

二、任务实施步骤及要求

汽车儿童座椅安装步骤见表 6-3。

表 6-3　汽车儿童座椅安装步骤

步骤	操作内容	操作示意图	技术要求
1	初步固定座椅		连接 ISO FIX 接口，初步固定安全座椅
2	安全带准备		准备好汽车安全带

项目六　汽车内装饰

（续）

步骤	操作内容	操作示意图	技术要求
3	安全带与座椅初步固定		将汽车安全带固定在座椅上方侧壁上，下方固定至座椅靠背与坐垫之间，并将安全带从座椅背部中间的孔绕到座椅背后
4	安全带与座椅完全固定		将安全带从座椅背部另一个孔穿到前方，并将其固定在安全带卡槽上并收紧
5	安装完成检查质量	安装完成后，侧面示意图 （以宝宝坐在座椅上的左右为准） 右侧　　左侧	双手前后晃动安全座椅底座，若底座位移小于 2cm，安全座椅安装完成

任务二　汽车音响改装

【任务导入】

汽车音响将汽车变成流动的音乐厅，优雅的音乐能给人带来愉悦的心情，能降低驾驶人的驾驶疲劳。汽车音响也越来越得到广大汽车音响爱好者的喜爱，尤其是年轻人喜欢独创、显现各色，将车辆酷扮一番。汽车音响如图 6-2 所示。

图 6-2 汽车音响

目标名称	目标内容
知识目标	1. 了解汽车音响的主要构成
	2. 了解汽车音响产品的主要功能特征
技能目标	1. 会正确使用音响改装工具
	2. 掌握车内音响的改进方法

一、汽车音响的主要构成

目前，市场上主流的经济型车内音响的改进方法主要有更换 CD 主机、加装 MP3 播放器、外挂 MP3 转换器和改进扬声器等，投资从几十元到几千元不等。当前汽车音响的主要构成是收音+功放、CD/DVD、导航、TFT 屏、USB/SD、蓝牙。采用计算机化的硬件和软件集成技术来构建新一代汽车音响的技术已经成为趋势。

二、汽车音响产品的主要功能特征

1. 专车专用化

采用国际标准尺寸设计的车辆越来越少，汽车音响的改装从旧车转向新车，市场细分后专用化设计更贴近消费需求。

2. 娱乐多元化

收音、CD/DVD、卡带媒体、数字广播（卫星和地面台）、数字电视、游戏与各种手持设备互联。

3. 信息化

车辆信息分为车内信息和车外信息：车内信息包括车辆故障信息、车辆安全信息和车辆维护信息；车外信息包括位置信息、智能交通（ITS）、紧急救助和网络功能。

三、车内音响的改进方法

1. 改进 CD 主机

大多数汽车在出厂时就已配置了 CD 主机，然而在中、低档车的行业，卡带机头还是占据着相当大的份额。CD 主机改进在汽车的扬声器效果还可以的情况下，可考虑换装 Alpine（阿尔派）机头等。

改进 CD 主机的优点是能彻底改变车辆的音响效果，机头的显示面板做工精细，如图 6-3 所示。

2. 加装 MP3 播放器

小巧灵活的 MP3 播放器具有体积小、容量大（一个 256M 的 MP3 至少能容纳近百首高音质的歌曲），还可以按自己的习惯播放编辑歌曲的特点，因此成了当前最炙手可热的音乐宠物。目前，国内大部分汽车音响制造商都已推出可以直接接驳 MP3 的汽车 CD 主机。

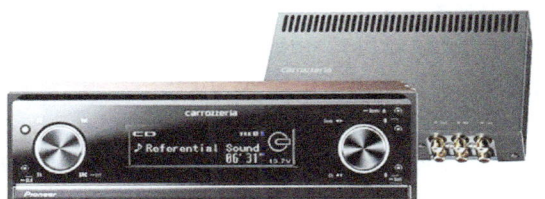

图 6-3　改进 CD 主机

市面上全能型的车载音乐播放器，能兼容 U 盘、MP3 机、SD/MMC 卡以及 CD 光盘、MP3 格式的光盘，甚至连 iPod 也能兼容使用，大幅提升了车辆的音响便利度。

3. 更换 MD 机头

MD 是一种数码录音格式的光盘，享有高质的反复录音性，极大程度地方便了编制个人音乐等特殊用途。

MD 机头的优点是可将录制的音乐、会议、课堂记录、现场音乐等及时在车内播放出来，还能编辑所有喜欢的歌曲于一张 MD 碟并享受数码音质。

4. MP3 转换器

能使 MP3 和车内音响"通联"是很多车主最大的愿望，此种 MP3 的车内音响转换器（也称为接收器）的装备应运而生了。其工作原理是把 MP3 的音源转换成 FM 信号，然后通过车内主机的收音机接收，虽不及 MP3 直播的音质好，但也不用再麻烦地改装车内的电路了，MP3 转换器如图 6-4 所示。

MP3 转换器的优点是投入小，仅需几十元钱就可以解决从 MP3 到车内音响的转换了。

5. 扬声器的改进

对于那些原车已有不错匹配的音响系统来说，如果只想有针对性地改进一下音质，那么可以有选择地更换车内的部分扬声器，或加装功率放大器，但这需要到专业的音响店按具体的车型搭配。扬声器如图 6-5 所示。

图 6-4　MP3 转换器

图 6-5　扬声器

四、汽车音响的维护

1. 经常用湿润的小棉签擦拭

音响中卡带机的压带轮和 CD 播放机的磁头都是容易堆积灰尘的部位。CD 播放机中最重要的部位是激光头，因为激光头是易损零件且比较昂贵，应重点养护。虽然现在部分汽车音响在设计过程中都考虑了防尘的问题，但防护措施也是必要的，可以经常用湿润的小棉签擦拭卡带、带盒和 CD 机的碟槽以及音响系统的面板。正确的做法是用湿布将尘土轻轻地吸下来。至于按键和旋钮的清理，可以再次使用棉签。

2. 用清理工具清洁磁带和光碟

除了音响的主机保持清洁外，磁带和 CD 光碟也要保证洁净。磁带和光碟上的污物不但会影响播放的音质，甚至会对音响造成损伤。CD 机的磁头在高速运转时，如果遇到尘土会使磁头偏离原有的激光轨道，造成声音的失真，并对磁头造成损害。磁带和光碟的清理工具在大多数的音响店中都可以买到。

3. 经常检查磁带的松紧程度

扬声器是不能被忽略的，其栅格罩是非常容易积灰的地方，积灰会使扬声器的音量降低。听音乐前最好先检查一下磁带的松紧程度，松了就要将其卷紧，紧了就要用倒带的方式使之放松。

4. 慢放盘、少换碟

冬季是汽车音响激光头损坏的高发期，因为气候干燥，容易产生静电。放盘时最好不要用手直接摸，不要拿中间，要缓慢放进去，尽量不要频繁换碟，塞盘时要尽量轻。

5. 音量不要突然调到最大

音响在使用中要避免突然将音量调到最大，这样扬声器线圈会损坏，会对功放造成影响，振幅突然加大也会烧毁功放。

【任务实施】

汽车音响改装

一、设备、工具和材料准备

汽车音响改装设备、工具见表 6-4。

表 6-4 汽车音响改装设备、工具

序号	设备、工具	图例
1	智能功放	
2	扬声器	

项目六　汽车内装饰　　133

（续）

序号	设备、工具	图　例
3	连接线	
4	拆卸工具	

二、任务实施步骤及要求

汽车音响改装步骤见表 6-5。

表 6-5　汽车音响改装步骤

步骤	操作内容	操作示意图	技 术 要 求
1	拆卸导航主机		找到并拔出原车主机电源线
2	新主机连接		连接新主机电源线

（续）

步骤	操 作 内 容	操 作 示 意 图	技 术 要 求
3	拆卸门内饰板		拆卸内饰螺钉等，取下门板
4	拆卸原车扬声器		拆下原车扬声器
5	安装新扬声器		将扬声器和分频器电路连接
6	安装门内饰板		将车门内饰板与车门连接

项目六　汽车内装饰

（续）

步骤	操作内容	操作示意图	技术要求
7	安装完成	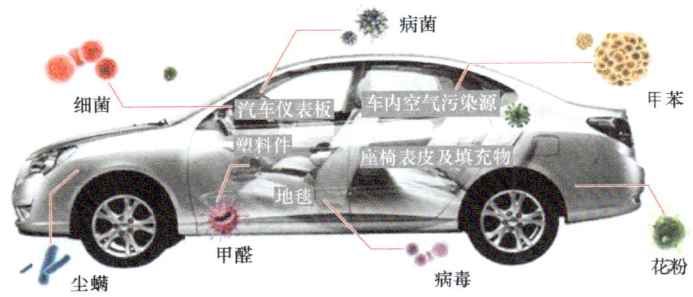 SPG-17CS（6.5寸套装喇叭）　SPG-17CS（6.5寸套装喇叭）　SPG-17CS（6.5寸套装喇叭）　SPG-17CS（6.5寸套装喇叭）　PWD-X5Pro（DSP/功放/蓝牙/低音炮）四合一	检查安装质量

 任务三　车内空气污染治理

【任务导入】

近年来，汽车零部件的安全性受到越来越多车主的关注，车内空气污染（图6-6）更是令人担忧。相比汽车排放危害和车内空气污染，通过接触汽车内饰致癌物造成的伤害更加直接、可怕。我国室内装饰协会室内空气监测中心曾对200辆车进行检测发现，若参照室内空气质量标准，近90%的汽车都存在车内空气甲醛或苯含量超标问题，而且大部分车辆甲醛超标都在5~6倍以上。车内空气污染主要来自皮革、纺织品、塑料配件和黏合剂等内装饰材料，它们散发出的苯、甲醛和二甲苯等有毒气体对人体的肝、肾、呼吸系统、造血器官和免疫功能等会造成严重危害。车内空气污染是指汽车内部由于不通风、车体装修等原因造成的空气质量差的情况。由此可见，预防车内空气污染非常有必要。

图6-6　车内空气污染

【学习目标】

目标名称	目标内容
知识目标	1. 了解车内空气污染物的成因
	2. 掌握车内空气污染治理的原理
	3. 了解车内空气污染治理的方法

(续)

目标名称	目标内容
技能目标	1. 会分析车内空气污染源的成因 2. 能够正确选用车内空气污染治理方法 3. 掌握车内空气消毒净化操作 4. 能根据车内污染物的性质制订治理方案

【知识准备】

一、车内污染源分析

1. 汽车内部空气污染物的成因

（1）乘用车本身　就乘用车本身而言，汽车内部空气污染物源于汽车零部件和车内装饰材料中所含有害物质的释放。乘用车各种配件、生产材料使用的塑料和橡胶部件、织物、油漆涂料、保温材料、黏合剂等材料中含有的有机溶剂、助剂、添加剂等污染物和车内装饰中的脚垫、座椅套和黏结剂等中有含有甲醛、TVOC、苯系物等挥发性成分释放到车内环境，造成车内空气污染。

（2）乘用车发动机　就乘用车发动机而言，汽车内部空气污染物源于发动机工作过程中产生的甲醛、多环芳烃（苯并芘）、可吸入颗粒物、CO、NO_2 和 SO_2 等。汽车通过排气管、曲轴箱和燃油蒸发等途径排放的污染物进入车内，或汽车空调长期使用后风道内积累的污物对车内空气造成污染。

（3）乘用车尾气　乘用车排放的尾气中含有大量 CO、NO、CO_2 和多环芳烃等。

（4）车内空调　乘用车空调设备及系统主要是细菌和真菌等生物污染因素的来源。例如，车内空调气流组织不合理，形成气流死角，导致污染物在局部滞留、积累；空调新风采集口受到污染，大量可吸入颗粒进入车内；空调滤清器失效，真菌大量繁殖；空调凝结水盘或者冷却液中存在的细菌而导致的车内微生物污染等。

（5）交通道路空气　道路上，特别是复杂路况和拥堵路况下，道路空气中含有汽车尾气中的有害物质浓度高，若车厢不密闭或者通过外循环进行换气，则道路空气中的 CO_2、CO、可吸入颗粒物和多种挥发性有机物也成为车内空气的主要污染源。这种车内污染在交通堵塞的情况下尤为明显。

（6）人体自身　人体生命活动过程（如呼吸和汗液等排出过程）中会产生乳酸、硫醇、NO、CO_2、大量角质层等污染物。

2. 车内空气污染的危害

1）甲醛。乘用车内的甲醛主要来自车内的装饰材料、塑料件、树脂件、黏合剂和乘用车尾气。甲醛存在于多种材料中，如塑料、橡胶、树脂黏结剂、油漆涂料和泡沫树脂隔热材料等。甲醛对乘用车车内空气质量的影响对新车来说更加严重。乘用车空间窄小，车内空气更新量有限，加上新车密封性好，因此新车车内空气的有害物质比车外可能更高。

2）苯及同系物甲苯、二甲苯。被国际癌症研究机构确认为有毒的致癌物质，可能导致白血病，主要存在于车内的各种装饰材料、黏合剂、皮革和树脂材料中，挥发后以气态存在于空气中。由于吸入蒸气或皮肤吸收可能引起中毒，人不容易警觉苯的毒性，属于中等毒类物质，轻者可出现头痛、头晕、乏力、胸闷、恶心和意识模糊等症状。

3）CO。大气中人为排放的 CO 一半以上来自汽车废气，在一些大城市车流量高峰时，大气中 CO 的含量可以达到 $20mg/m^3$ 以上。在冬、夏两季，某些人在停车时喜欢将空调打开，此时发动机处于怠速空转状态，由于燃料燃烧不充分，产生大量的 CO 并在车内聚集，可能使乘员发生 CO 中毒。另外，乘用车行驶在急速状态或发动机转速超过 $3000r/min$ 时，CO 也会急剧增多。CO 的毒性

项目六　汽车内装饰

主要表现在 CO 与血红蛋白结合的能力比氧气结合的能力大 200 倍，降低了血液输氧能力，引起人体组织缺氧，造成低氧血症。

4）PM10 和 PM2.5。空气动力学直径小于或等于 10μm 和 2.5μm 的大气颗粒分别称为 PM10 和 PM2.5。PM2.5 通常也称为细粒子，PM10 也称为可吸入颗粒物，它们都是可吸入颗粒的主要成分。乘用车内的可吸入颗粒主要来自道路地面扬尘、乘用车尾气。据统计，车内乘客吸入的微粒数量是路上行人的 10 倍。

5）胺、烟碱等有害物质主要是由车内空调蒸发器内部附着大量污垢长期积累产生的，导致车内空气质量差甚至缺氧。

6）生物因素。生物因素主要有真菌、细菌和螨虫等。真菌是乘用车通风系统内长年存在的一个问题，在潮湿气候条件下运行的汽车空调中尤为突出，并有异味产生。真菌会造成人记忆力及听力丧失、呼吸困难、哮喘、肺部出血甚至死亡。

二、车内污染治理

1. 车内空气减污措施

1）汽车装饰选用绿色原材料。乘用车要想避免车内空气污染，必须对使用的装饰材料和零部件进行控制，尽量选用不会造成污染或者污染较小的原材料和零部件。乘用车内置材料的环保指标作为乘用车质量（特别是高档乘用车质量）的一个重要因素来考虑。例如：东风雪铁龙在 2008 年世界展会上所展乘用车，从产品设计之初即开始对车身原材料进行筛选和监控，该车总质量 90% 以上的材料都可以回收或无害化处理，塑料、橡胶件、金属、玻璃和所有液体均可回收循环使用，在保持健康无毒的车内空气质量方面成为佼佼者，如图 6-7 所示。

图 6-7　东风雪铁龙车内空气清新

2）汽车制造生产工艺改进。对含有害气体的材料和零部件，尽量选择低毒、无毒原料进行零部件的加工，或者在使用前经过烘烤、室外空旷处放置或其他过滤等方法，使车内的有害气体充分得到释放。尽量提高换气系统吸入口的位置。在测试中发现长途客车的室内空气污染普遍高于小型乘用车，且开启空调后污染值突然增加，这与车身空调装置吸入口的位置有关。乘用车的 CO 和 NO_x 相对其他交通工具过高的原因是乘用车的车身和换气系统的吸入口较低，使得外部其他车辆的尾气很容易进入车内，而车内的狭小空间又将这些污染物积累起来。

3）增加天窗。乘用车天窗能够使进入车内的空气更加清洁柔和，灰尘也更少，因此建议装备天窗。

4）工程技术控制策略。

① 温度控制。夏季气温高，在车内高温条件下，有害气体浓度更高，通过控制车内温度可一定幅度地降低车内污染物浓度。有研究表明，装贴太阳膜的乘用车可以显著地降低车内温度的升幅，但其作用有限，应配合采取其他合理措施。如果在停车时选择阴凉的停车点，则对乘用车车玻璃或者全车身进行遮阳，效果会更好。

② 通风控制。驾驶新车要注意通风，使车内环境中的有害物质尽快挥发。建议新车使用时最好开窗行驶，或者将空调打到外循环，这样 VOC（挥发性有机化合物）浓度会下降得很快。新车如果能在高温环境下停放那么效果会更好，因为高温有利于 VOC 挥发。如果车厢内湿度高，那么 VOC 的挥发也会很快。另外，要尽量少在车内停留。若新车内气味在 3～6 个月都不能完全散发，

或驾乘人员有不良反应，如发现熏眼睛、呼吸刺激甚至头晕的感觉，则要尽快对车内空气质量进行检测，以尽快发现和清除车内污染源。

2. 车内空气消毒净化措施

（1）臭氧消毒　臭氧的化学性质是氧化能力很强，对细菌和病毒等微生物的杀灭率高、速度快，对有机化合物等污染物去除彻底而又不产生二次污染。

由于臭氧属于气体杀菌剂，在密封条件下容易保证和提高在空气中的杀菌浓度，确保消毒效果，在使用时应关闭好车门和车窗，保持车内良好的密封效果。此外，臭氧消毒机要求在相对空气湿度大于60%的条件下使用，湿度越大，消毒效果越好。臭氧消毒机在消毒杀菌时一次开机消毒时间以30min为宜，以达到无菌标准。图6-8所示为等离子臭氧分体式消毒机。

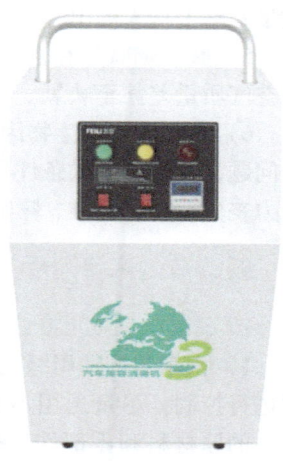

图6-8　等离子臭氧分体式消毒机

臭氧消毒是常用的一种杀菌方法，其最大好处是可以迅速杀灭使人和动物致病的各种细菌、病毒等微生物，不会造成二次污染。臭氧消毒法操作起来较简单，价格便宜，几分钟便可完成一辆车的消毒，灭菌也比较彻底，但消毒一次只能维持1~2个月。需注意的是，高浓度的臭氧会对人体造成损害，使用时一定要小心。

（2）光触媒消毒　光触媒是以二氧化钛为代表的具有光催化功能的光半导体材料的总称，其主要成分是纳米级的二氧化钛。二氧化钛吸收太阳光中的紫外线后，内部电子被激发，形成活性氧类的超氧化物，它具有超强的氧化能力，可以破坏病毒细胞的细胞膜，使细胞质流失死亡，能凝固病毒的蛋白质，抑制病毒的活性，并捕捉、杀除空气中的浮游细菌，杀菌能力达到99.997%，具有极强的防污、杀菌和除臭功能。同时，二氧化钛受光后生成的氢氧自由基能对有机物质和有害气体进行氧化还原反应，将其转化为无害的H_2O和CO_2，从而达到净化环境和净化空气的功效，能从根本上解决车内空气的污染。消除汽车内有机挥发物的光触媒处理器安装部位如图6-9所示。该处理器将光触媒处理部件镶嵌在汽车空调进出气循环管道或类似框架结构内，并包括数块锐钛型纳米二氧化钛金属网状骨架结构填料体，填料体呈并排设置且填料体之间留有间隔；设置一个紫外线灯管，紫外线灯管置于填料体之间的间隔内或置于填料体的侧面。此

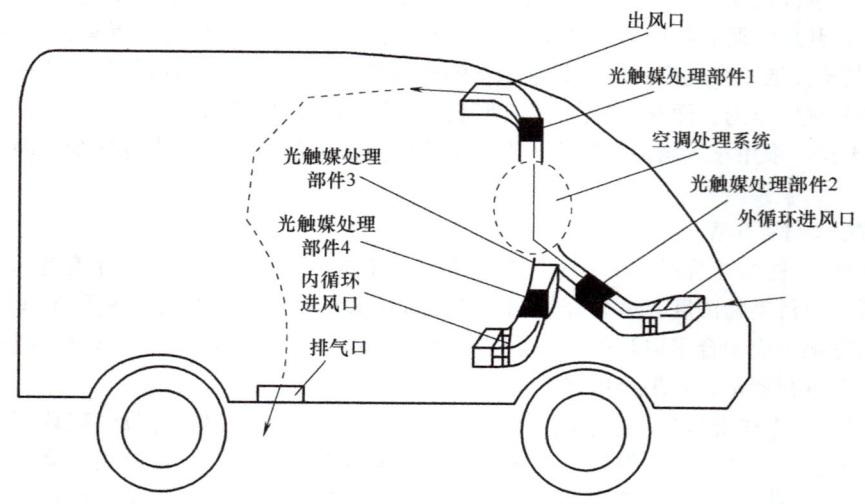

图6-9　消除汽车内有机挥发物的光触媒处理器安装部位

项目六 汽车内装饰

外,还包括至少一个导气风扇。该处理器能充分利用汽车具备的空调进气过滤框架结构并设在其内,对车外进入的其他车辆尾气排放出的有毒气体以及汽车内饰件不断释放的挥发性有机化合物进行处理,使其有效、快速地分解。处理器被装配于空调进气过滤管道的框架结构内,既保护了光触媒处理部件的实用性,又能阻挡紫外线外泄照射到人体。

（3）活性炭吸附 活性炭是一种常用的吸附剂,具有良好的吸附性,可以吸附空气中的各种气态、胶态和颗粒态污染物质,从而达到消毒除臭的目的。活性炭在吸附饱和时需要再生或者更换,约每3个月要再生或更换1次。活性炭等也会对VOC有一定的吸附作用。但是,活性炭不能解决所有问题,只是对某些物质会起到吸附的作用。另外,吸附材料也有相应的饱和值,使用一段时期之后就需要定期更换。而众所周知,甲醛等有害气体有效挥发性长达3~15年,寻求长久、有效的清除甲醛方法才是车内空气污染治理的必由之路。

（4）高温蒸汽消毒 利用（温度高达130℃）高温蒸汽对车内饰进行消毒的方法,俗称汽车桑拿。因此,能对车内座椅、车门饰板、仪表板、空调风口和地毯等进行消毒,基本上可以清除车内的异味,还杜绝了细菌和螨虫的滋生。不过要注意,这种方法属于一次性杀菌方法,保持的时间不长,而且容易引起电器、仪表及塑料件老化,因此不宜经常使用。

（5）车载空气净化器 车载空气净化器如图6-10所示,车载空气净化器能迅速地清除车内空气中的浮沉颗粒、细菌以及有毒、有害气体等,并释放出负离子,从而能够有效地保持车内空气的高质量。车载空气净化器采用静电吸附和紫外线灯管等对车内空气进行过滤处理,不仅可以过滤和吸附空气中带菌的尘埃,也可吸附微生物,通过车载空气净化器处理后的车内空气指标均能达到国家标准,且具有效果稳定、保持时间长等特点。

图6-10 车载空气净化器

汽车行李舱蒸汽消毒

一、设备、工具和材料准备

汽车行李舱蒸汽消毒设备、工具见表6-6。

表6-6 汽车行李舱消毒设备、工具

序号	设备、工具	图例
1	吸尘器	

（续）

序号	设备、工具	图例
2	高温蒸汽机	
3	消毒清新剂	

二、任务实施步骤及要求

汽车行李舱消毒步骤见表6-7。

表6-7 汽车行李舱消毒步骤

步骤	操作内容	操作示意图	技术要求
1	整理行李舱		先取出行李舱内备用胎、随车工具以及杂物
2	清洁行李舱防护垫		用吸尘器吸去内部灰尘、泥沙和污垢

（续）

步骤	操作内容	操作示意图	技术要求
3	高温蒸汽消毒		用高温蒸汽机对整个行李舱进行蒸汽喷熏
4	喷空气清新剂		对整个行李舱喷洒消毒清新剂

任务四　汽车隔音处理

【任务导入】

汽车隔音工程既可以减小行驶过程中车内的噪声，又可以保持汽车音响设备纯美的音色。汽车隔音原本是为真正热爱汽车的享乐主义者而创立，目的是让更多车主的生活得到完美的升华，享受更美妙的驾驶乐趣。汽车隔音工程是运用专业声学产品进行车体减振及车内吸声，从噪声的传播途径上进行隔除，使车主能够拥有一个安静、舒适的驾驶环境。对于时下越来越风靡的汽车个性化装潢，汽车隔音工程也逐渐扮演起非常重要的角色。

【学习目标】

目标名称	目标内容
知识目标	1. 了解汽车隔音工程的意义 2. 了解汽车噪声的来源与分类 3. 掌握发动机舱盖隔音隔热棉的功用 4. 了解汽车隔音工程的部位 5. 掌握隔音工程的施工方法
技能目标	1. 会正确选择隔音降噪材料及施工方法 2. 会设计制订合理的隔音降噪方案 3. 会分析隔音工程对整车的影响

一、汽车噪声的来源与分类

1. 汽车噪声的三种主要表现形式

1）按部位的不同，汽车噪声可以分为发动机噪声、轮胎噪声（路噪）和风噪声。
2）按传播途径的不同，汽车噪声可以分为结构噪声、空气噪声和共鸣噪声。

2. 汽车噪声的来源

根据汽车噪声对环境的影响，可将汽车噪声分为车外噪声和车内噪声。

1）车外噪声是指汽车外各部分噪声的总和，主要包括发动机噪声、排气系统（风扇）噪声、高速行驶产生的风噪声（气动噪声）、轮胎与地面摩擦的噪声、制动噪声和传动噪声等。
2）车内噪声是指车厢外的汽车各部分噪声通过各种途径传入车内的那部分噪声，以及汽车各部分振动传递路径激发车身各部件的结构振动向车厢内辐射的噪声。这些噪声声波在车内空间声学特性的制约下，生成较为复杂的混响声场，从而形成车内噪声。汽车噪声来源如图6-11所示。

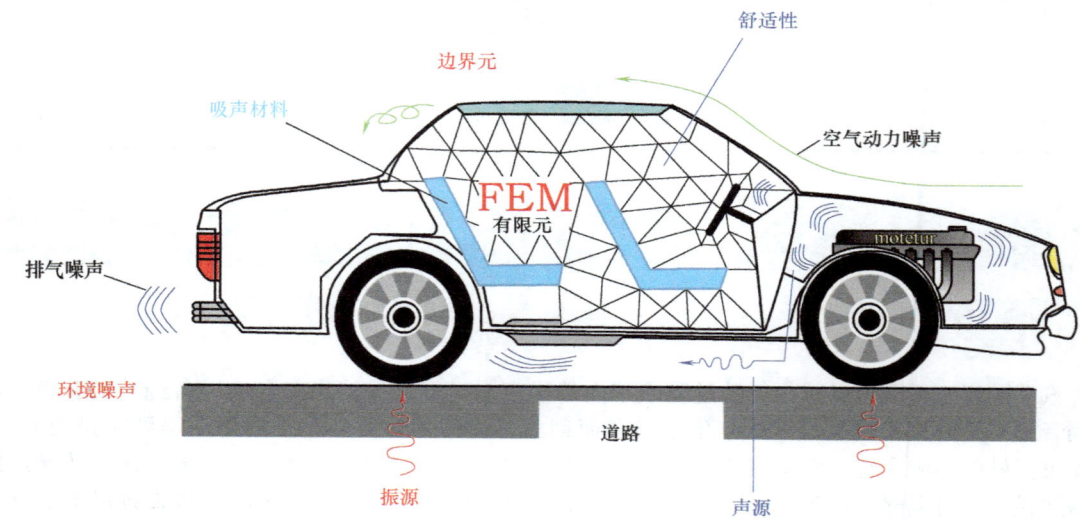

图 6-11　汽车噪声来源

二、汽车隔音工程对整车的影响

一般来说，隔音工程无须改动车身结构、动力系统和电气油气电路，因此车主们不必太担心。但建议车主选择设施完善的店家进行改装，因为隔音施工必须保证在密封、敞亮、干净的车间内，由经过严格专业化培训的安装技师进行安装，而且在施工过程中需要严格遵照工艺流程，才能保证不会损伤车体及内饰件。并非每辆车都适宜进行隔音改装。车主需要首先了解车辆的噪声来源以及驾乘时候感受到的噪声来源和影响程度，然后根据需要选择改装的方案。

1）汽车噪声主要是结构噪声时，减振是治理汽车结构噪声的主要方法。

汽车的外壳一般由金属薄板制成，车辆行驶过程中，振源把它的振动传给车体，在车体中以弹性波形式进行传播，这些薄板受激振动时会产生噪声，同时引起车体上其他部件的振动，这些部件又向外辐射噪声，在该传播途径上安装弹性材料来隔绝或衰减振动的传播，就可以实现减振降噪的目的。

2）隔音治理空气噪声。在汽车上治理低频噪声（发动机噪声、路噪）是对隔音材料的考验。隔音处理着眼于隔绝噪声自声源点（发动机、轮胎噪声）向驾驶室的传播。隔音材料的最佳应用部位是在车身钣金缝隙孔洞处、车地板及挡火墙，由于发动机噪声在挡火墙及车地板发出的噪声频率为低频噪声，而能量大、穿透性强且没有方向性是低频噪声的显著特点，所以多孔、疏松、透气的吸声材料根本无法吸收或阻隔低频噪声向驾驶室的传播；在汽车上阻隔低频噪声必须用高效易用的密实材料，一般低频隔音材料太重、不易成形及安装。

3）吸声治理共鸣噪声。汽车上的共鸣噪声主要是发动机舱内的机械噪声和行李舱的共鸣噪声。可用特种被动式材料来改变声波的方向，以吸收其能量。合理地布置吸声材料，能有效降低声能的反射量，达到吸声降噪的目的。大多数吸声材料同时是非常优异的隔热材料。汽车隔音方式分为阻尼减振、吸声滤声、密封隔音和填充补强等几大类。

三、汽车隔音材料

1. 汽车隔音材料的要求

汽车隔音材料的要求非常严格，具体可以归纳为以下几点：

1）材料要轻。轻量化是整个汽车制造领域发展的大趋势，轻量化材料施工后不会使车身自重增加太多，增加油耗。
2）隔音吸音性能好。在宽频带范围内隔音性能和吸音性能好，而且隔音吸音性能长期稳定可靠。
3）有一定强度。安装和使用过程中不易破损、不易老化、耐候性能好、使用寿命长。
4）外观整洁，没有污染。
5）防潮防水，耐腐防蛀，不易发霉。
6）不易燃烧，能防火阻燃。
7）材料环保。不含石棉、玻璃纤维等有害物质。
8）材料本身便于施工，如便于裁剪、粘贴牢固等。

2. 汽车隔音材料的类型

按照使用部位的不同，汽车隔音材料有以下几种：

（1）防火隔音毯　防火隔音毯能吸收发动机运转时所发出的噪声，并能有效地保护发动机舱原有的烤漆。

（2）减振消音垫、羊毛隔音毯　减振消音垫、羊毛隔音毯主要是为了有效抑制中央底盘与行李舱底盘在高速行驶时因钢板振动而产生的共鸣及轮胎传入底盘的路面噪声，也可以同时抑制排气管尾段导入行李舱引起的共鸣噪声。

（3）隔音毯和消音垫　隔音毯和消音垫可以放于中控台或防火墙与仪表座下方，抑制发动机发出的噪声，增加防火墙的隔音能力，降低行驶时因为车门钣金件薄弱而生成的钢板共振，消除饰板与零件松脱或车门钣金件与车框不合、长期挤压所造成的噪声，同时还能有效改善汽车音响聆听环境的纯净度。

（4）隔热、隔音毯　隔热、隔音毯可以有效地阻绝室内车顶红外线热传导效应的产生，降低车室内温度受外界环境变化的影响，同时还能强化车顶的钢板结构，有效降低雨滴引起的撞击声。

（5）车框隔音条　车框隔音条可以加强车门和车身的密合度，有效降低车门边框因为高速行驶而引起的风噪。

四、汽车隔音工程

1. 汽车隔音的五个主要施工部位

1）汽车隔音的重点施工部位是车门和行李舱，如图6-12所示。车门和行李舱是车内传递噪声的主要部位，包括路噪和发动机噪声。车门和行李舱的隔音处理是汽车隔音的基础工程，为车内施工的重点。

2) 汽车隔音的次要施工部位是车地板（含内挡火墙）、车顶和发动机舱，如图 6-12 所示。车地板、内挡火墙、发动机舱及车顶虽然在车内占据面积较大，但它们作为汽车隔音的次要部位，只有在车门和行李舱进行隔音处理后才能发挥有效的隔音作用。

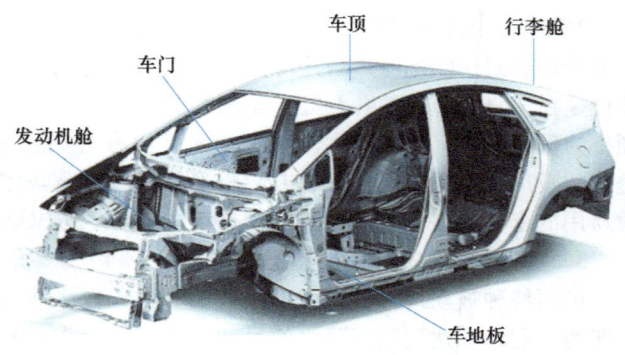

图 6-12　汽车隔音次要部位

2. 全车隔音施工

全车隔音施工部位包括发动机舱盖、前翼子板、挡火墙及 U 形槽、驾驶室地板、行李舱地板、后轮毂内侧及两侧后翼子板、行李舱盖板、顶棚、车门。不同类型汽车噪声的特性及汽车各个部位的噪声来源都是不同的。其中发动机噪声所占的比例最大，通过对发动机舱盖、挡火墙、两边裙墙及翼子板的减振及密封，可以有效地控制并减小发动机舱的噪声，减小传入驾驶室的发动机噪声。

当车辆在良好、平直路面上高速奔驰时，车辆行驶的高速噪声又成为另一个主要的噪声源。其中行李舱因为内部的空腔会产生很大的共振，是个很大的噪声源。因此，加装降噪设备不能忽略行李舱。车辆的空气动力性能通常会产生车辆的摩擦噪声。而通常容易产生风噪的主要部位是车门。对车门采取措施，是在车门内安装减振材料和吸声材料，并加强车门的密封性，如图 6-13 所示。

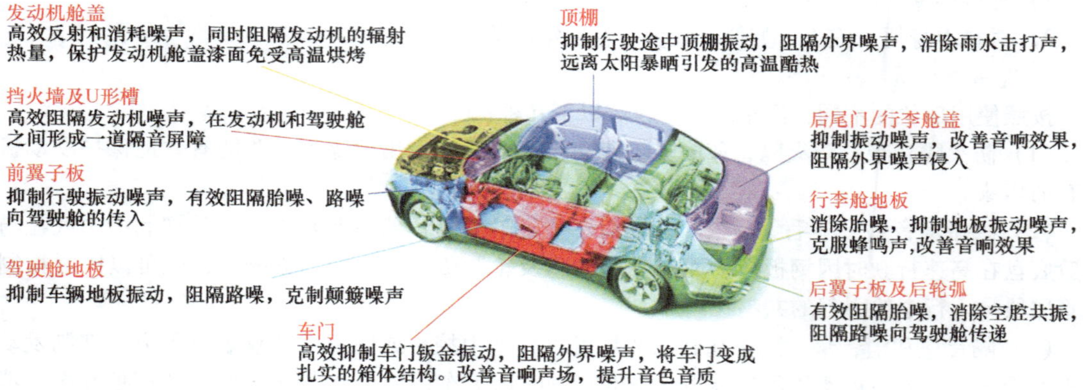

发动机舱盖
高效反射和消耗噪声，同时阻隔发动机的辐射热量，保护发动机舱盖漆面免受高温烘烤

挡火墙及U形槽
高效阻隔发动机噪声，在发动机和驾驶舱之间形成一道隔音屏障

前翼子板
抑制行驶振动噪声，有效阻隔胎噪、路噪向驾驶舱的传入

驾驶舱地板
抑制车辆地板振动，阻隔路噪，克制颠簸噪声

顶棚
抑制行驶途中顶棚振动，阻隔外界噪声，消除雨水击打声，远离太阳暴晒引发的高温酷热

后尾门/行李舱盖
抑制振动噪声，改善音响效果，阻隔外界噪声侵入

行李舱地板
消除胎噪，抑制地板振动噪声，克服蜂鸣声，改善音响效果

后翼子板及后轮弧
有效阻隔胎噪，消除空腔共振，阻隔路噪向驾驶舱传递

车门
高效抑制车门钣金振动，阻隔外界噪声，将车门变成扎实的箱体结构。改善音响声场，提升音色音质

图 6-13　汽车隔音施工分解图

3. 汽车隔音工程具体措施

1) 在发动机舱盖处粘贴防火吸声毯。吸声毯能大量吸收发动机运转时的噪声，并且还具有隔热功能，能有效保护发动机舱盖的面漆，避免长时间高温使用导致面漆变色。

2) 在车厢内中央底盘和后车厢底盘上加装减振隔音垫及防潮吸音地毯。其主要作用是缓解中央底盘、行李舱下底盘件在高速行驶时由于钣金结构件的振动而引起的共鸣，减少由于轮胎转动所产生的路面噪声传递，降低由排气管传入后车厢的共鸣声压等。

3) 在车门饰板内贴上专用吸音毯。它可降低行车时车门钣金结构件因较薄而较易产生的共振，减少车门内饰板及零件的松脱，降低因车龄较长或长期在崎岖路面上行驶的情况下由于金属疲劳与车身扭动时产生的杂声。

4）强化 A、B、C 各柱下方的刚度，补强后座侧板。一般情况下，比较名贵的车型都已配有较佳的隔音措施，但大部分轿车由于车身结构上的原因，造成车身综合刚度不足，从而产生较大的行驶噪声。因此，有时只需稍稍提高车身的结构刚性，便能有效减小噪声。

5）在车门内饰件的内表面贴上一层丝绒质吸声毯，在门板的内侧贴附一种特殊的减振垫，加装车门隔音条，以加强车门与车门框的密封性。经过这样的施工，不仅能加强车门的刚性和减少共鸣声，而且能有效降低汽车高速行驶的风噪声。

6）前后轮翼子板是底盘噪声传入车厢的主要地方，在前后轮翼子板处喷吸声材料，可减小行驶时减振器传入的异声，以及抑制轮胎与路面、钣金结构件所产生的撞击杂声。

7）在发动机挡火墙加装隔音垫以及在仪表座下层加消声垫，减小发动机噪声的传入。发动机是最主要的噪声源，也是离驾驶人最近的噪声源，在加强仪表板下部及发动机防火墙的厚度后，能抑制发动机运转时传入车厢内的高频声压，这是隔音工程效果最明显的部位。

8）给车厢内车顶粘上一层隔热吸声棉，这除了能有效阻隔太阳暴晒，防止车厢内温度直线上升，还能强化车顶钢板的刚度，有效减少雨天时雨滴撞击车顶的声音传入车内。汽车隔音工程具体措施简图如图 6-14 所示。

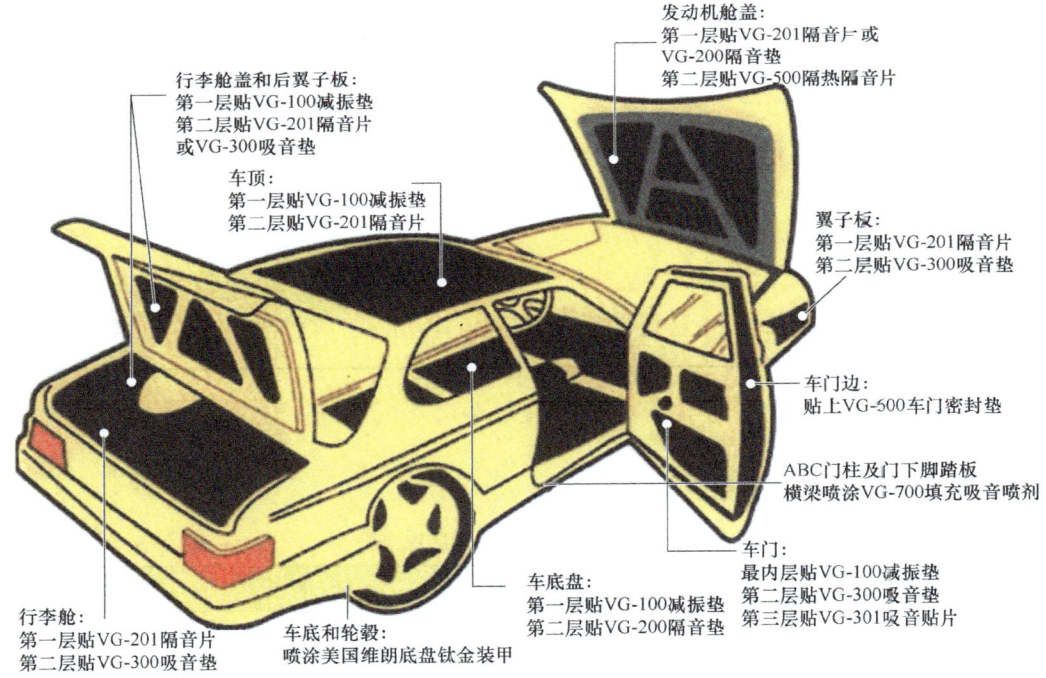

图 6-14　汽车隔音工程具体措施简图

发动机舱盖隔音棉粘贴

一、设备、工具和材料准备

发动机舱盖隔音棉粘贴设备、工具见表 6-8。

汽车美容与装饰

表 6-8　发动机舱盖隔音棉粘贴设备、工具

序号	设备、工具	图例
1	隔音棉	
2	裁剪工具	
3	清洁工具	

二、任务实施步骤及要求

发动机舱盖隔音棉粘贴步骤见表 6-9。

表 6-9　发动机舱盖隔音棉粘贴步骤

步骤	操作内容	操作示意图	技术要求
1	拆卸原厂隔音板		拆卸隔音板卡扣，取下隔音板

项目六　汽车内装饰

（续）

步骤	操作内容	操作示意图	技术要求
2	清洁		用清洁剂清洁发动机舱盖板的污渍
3	裁剪隔音棉		按照发动机舱盖裁剪隔音棉
4	安装隔音棉		将发动机舱盖隔热膜切割成需要的形状并粘贴在发动机舱盖底板上，有气泡时用裁切刀裁开压覆
5	完工检查		检查安装质量

项目七 汽车安全防护装置

任务一 汽车防盗装置安装

【任务导入】

汽车防盗器是一种安装在汽车上用来增加盗车难度、延长盗车时间的装置,是汽车的"保护神"。汽车通过将防盗器与汽车电路配接在一起,从而达到防止车辆被盗、被侵犯,保护汽车并实现防盗器各种功能的目的。

【学习目标】

目标名称	目标内容
知识目标	1. 了解汽车防盗器的发展
	2. 了解汽车防盗装置的种类
技能目标	1. 能为车主正确选装汽车防盗器
	2. 具备正确安装汽车防盗器的能力

【知识准备】

一、汽车防盗器的发展与应用

目前汽车防盗器已由初期的机械控制,发展成为钥匙控制—电子密码—遥控呼救—信息报警的汽车防盗系统,由传统的机械钥匙防盗技术向电子防盗、生物特征式电子防盗发展。电子防盗系统主要由电控遥控器或钥匙、电控电路、报警装置和执行机构等组成。

1. 钥匙控制式防盗系统

钥匙控制式防盗系统的作用是当驾驶人将车门锁住时接通电子防盗系统电路,电子防盗系统开始进入工作状态,一旦有人非法打开车门,电子防盗系统一方面用喇叭报警,另一方面切断点火系统电路,使发动机不能起动,从而起到了防盗报警的作用。

2. 电子密码防盗系统

防盗器的电子密码就是开启防盗器的钥匙。电子密码一方面记载着防盗器的身份码,区别各个防盗器的不同;另一方面又包含着防盗的功能指令码和资料码,负责开启或关闭防盗器,控制完成防盗器的一切功能。根据密码发射方式的不同,遥控式汽车防盗器主要分为定码防盗器和跳码防盗器两种类型。早期防盗器多采用定码方式,但由于其容易被破译,现已逐渐被技术上较为先进的、防盗效果较好的跳码防盗器所取代。

3. 遥控电子防盗系统

目前,遥控电子防盗系统广泛应用于许多原厂配置防盗系统的汽车。遥控电子防盗系统是利用发射和接收设备,通过电磁波或红外线对车进行锁止或开启,也就是控制防盗系统进行防盗设置或解除。遥控电子防盗系统种类繁多,常见的有电磁波遥控电子防盗系统和红外线控制防盗系统。遥控电子防盗系统在夜间无须灯光帮助就能方便、快捷地将车门锁止或开启。

二、汽车防盗器的类型

随着科学技术的进步,为应对不断升级的盗车手段,人们研制出各种方式、不同结构的防盗器。目前防盗器按其结构与功能可分为机械类、机电式、电子式、芯片式和网络式五大类。

1. 机械式防盗器

机械式防盗器是采用机械的方式来达到防盗的目的。机械防盗产品是市面上最简单、最廉价的一种,其原理是将转向盘和控制踏板或挡柄锁住。其优点是价格便宜,安装简便;缺点是防盗不彻底,机械式防盗器主要是起到限制车辆操作的作用,对防盗方面能够提供的帮助有限,很难抵挡住铁撬、钢锯和大剪刀等重型工具的盗窃。但如果窃贼用特制的开锁工具,或者用高腐蚀性化学试剂通过锁孔腐蚀锁芯,那么偷盗汽车也只是几分钟的事情了。此外,每次拆装机械式防盗器很麻烦,不用时还要找地方放置。

机械式防盗产品有以下几种:

1)变速杆锁(图7-1)是目前车主最欣赏的防盗装置之一,这种防盗装置简便又坚固,材质采用特殊高硬度合金钢制造,防撬、防钻、防锯,且采用相同材质的镍银合金锁芯和钥匙,没有原厂配备的钥匙极难打开。如果钥匙丢失,可用原厂计算机卡复制钥匙。

优点:可将变速杆锁定在停泊车档位置而防止汽车被开走。变速杆锁使用较为方便。

缺点:安全性不够。对大多数车而言,车贼只需打开车发动机舱盖,从车头处用杆拨弄变速部件,便可挂上档将车开走。

图7-1 变速杆锁

2)转向盘锁是目前车主使用最多的防盗工具。目前市场上推出了一种护盘式转向盘锁,如图7-2所示。这种锁较为隐蔽,有一层防锯、防钻钢板保护,材质比传统的拐杖锁坚固,锁芯也设计得更加精密,因而可靠性更高。但是车主必须找一个空间存储拆下来的转向盘锁。

图7-2 转向盘锁

2. 机电式防盗装置

机电式防盗装置(中控门锁)是以电来控制门锁的开启或锁止,并由驾驶人集中控制所有车门门锁的锁止或开启。中控门锁系统具有下列功能:当锁住(或打开)驾驶人侧车门门锁时,其他几个车门及行李舱都能锁止（或打开）；用钥匙锁门也可锁好（或打开）其他车门和行李舱；在车内个别门锁需要打开时，可分别拉开各自门锁的按钮。防盗装置在汽车上的布置如图7-3所示。

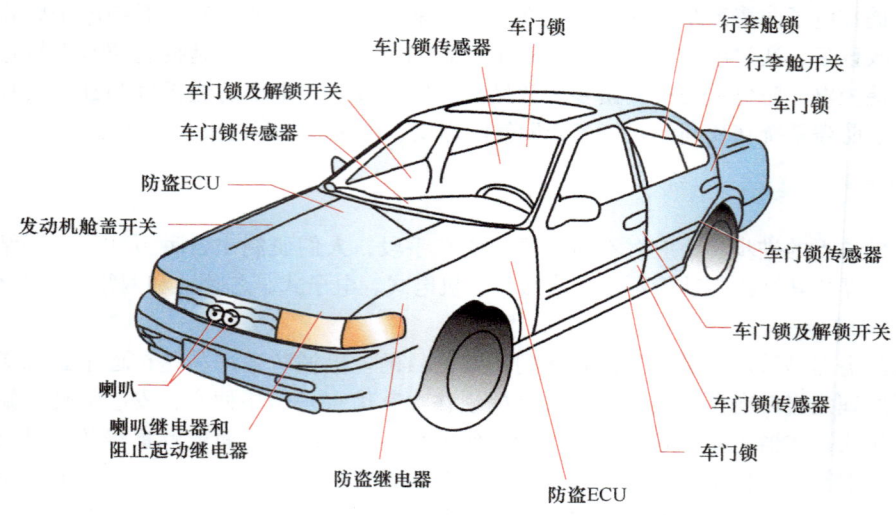

图7-3　防盗装置在汽车上的布置

3. 电子式防盗器

为了克服机械锁只防盗不报警的缺点，电子报警防盗器应运而生。汽车电子防盗系统是在原有中控门锁的基础上加设了防盗系统的控制电路，在控制汽车移动的同时报警。电子防盗系统不仅具有切断起动电路、点火电路、喷油电路、供油电路和变速电路以及将制动锁死等的功能，同时还会发出不同的求救声光信号进行报警，给窃贼一个精神上的打击，以阻止窃贼行窃。

1）钥匙控制式。钥匙控制式电子防盗系统通过钥匙将门锁打开或锁止，同时将防盗系统设置或解除。

这种电子防盗系统通过电子技术还可以将钥匙区分"主次"身份，即主钥匙及副钥匙。主钥匙可打开车上所有的锁，包括车门锁、行李舱锁和杂物箱锁等；副钥匙只能打开车门锁及点火锁。其作用是保护车主私人财物不受侵犯。

电子钥匙编码控制装置靠带编码的点火钥匙来控制汽车发动机的起动，以达到防止汽车被盗的目的。它主要由有身份代码的点火钥匙和编码器构成的控制器、发动机ECU等组成。带编码的点火钥匙中镶有电阻管芯，在电阻管芯内设有身份代码（电阻值）。点火锁筒内存储有代码，当插入的钥匙与存储的代码不符，即电阻值不符合点火锁内存储的电阻值时，则点火系统的电路不能接通，从而起到了防盗作用。

随着电子技术的发展，汽车电子锁的形式也越来越多，目前比较先进的是电子钥匙式电子锁。当钥匙插入电子锁锁孔时，隐藏在钥匙柄中的电子编码发射器就会发出密码信号，通过读写线圈与控制器进行双向数据通信，控制器的鉴别电路会对密码进行比较运算，同时控制器还与发动机ECU进行密码识别，只有这两部分密码都"确认无误"，控制器的鉴别电路才会输出电信号，允许ECU进行下一步动作，使发动机起动。

2）报警式。报警式电子防盗系统遇有汽车被盗窃时，只是报警但无防止汽车移动功能。

3）具有防盗报警和防止车辆移动功能的电子防盗系统。当遇有窃贼盗车时，除发出音响信号报警外，该防盗系统还切断汽车的起动电路、点火电路或油路等，起到防止汽车移动的作用。

4）电子跟踪防盗系统。该系统分为卫星定位跟踪系统（GPS）和利用对讲机通过中央控制中心定位监控系统。

电子跟踪定位监控防盗系统是利用电波在相关地图上显示被盗车辆位置并向警方报警的追踪装置。设跟踪定位监控防盗系统，需有关单位专门设立这样一套机构和一套专用的设备，并需24h不间断地监视，否则，即使安装了该防盗系统，也还是起不到防盗的作用。

5）插片式、按键式和遥控式电子式防盗器。遥控式汽车防盗器的特点是可遥控防盗器的全部功能，且可靠方便，可带有振动侦测门控保护及微波或红外线探头等功能。随着科技的快速发展，遥控式汽车防盗器还增加了许多方便实用的附加功能，如遥控中控门锁、遥控送放冷/暖风、遥控电动门窗及遥控开行李舱等。现在市场上已有双向功能的电子防盗器，这种防盗器不仅能使车主遥控车辆，还能将自身状态车门被开启或车窗玻璃被破坏等传送给车主。但是电子防盗器普遍存在误报警现象，而且也没有从根本上解决车辆的丢失问题。

三、网络式防盗

网络式防盗是指通过网络来实现汽车的开/关门、起动电动机、截停汽车、汽车的定位以及车辆会根据车主的要求提供远程的车况报告等功能。网络式防盗主要是突破了距离的限制。

目前主要使用的网络有无线网络（BB机网络）和卫星定位系统（GPS），其中应用最广的是GPS，如图7-4所示。

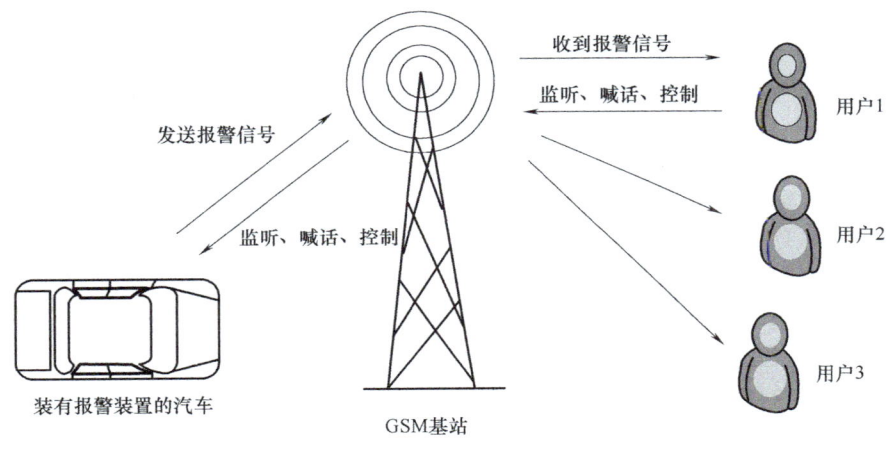

图7-4　GPS汽车防盗

GPS汽车防盗属于网络式防盗，它主要靠锁定点火或起动达到防盗的目的，同时还可通过GPS将报警信息和报警车辆所在位置无声地传送到报警中心；可以在全国范围内实时监测车辆位置，还可以通过车载移动电话监听车内声音，必要时可以通过手机关闭车辆油路、电路并锁死所有门窗。如果GPS防盗器被非法拆卸，那么它会自己发出报警信息，但缺点是价格较为昂贵，每月要缴纳一定费用的服务费，因此目前车主选用的为数不多。

四、汽车指纹防盗器

汽车指纹锁是利用每个人不同的指纹图形特征制成的一种汽车门锁。制作时，先在锁内安装车主的指纹图形，当车主开启车门时，只要将手指往门锁上一按，如果指纹图形相符，车门即开。眼睛锁是利用视网膜图纹来进行控制的汽车门锁。这种锁内设有视网膜识别和记忆系统，车主开锁时只需凑近门锁看一眼，视网膜图形与记录相吻合时，车门会自动打开，否则就会将人拒之车外。汽车指纹防盗器如图7-5所示。

五、寻车器

在锁车状态下，报警功能启动，有振动或有人动车时，报警器会驱动紧急灯和汽车喇叭报警。车主可以通过原车遥控车钥匙解除报警状态。当车主按下原车钥匙解锁键时，寻车器会驱动原车灯和喇叭鸣叫，提示车辆停放位置，方便车主寻车。寻车器内部设有振动传感器、单片机分析、继电器驱动等电路。

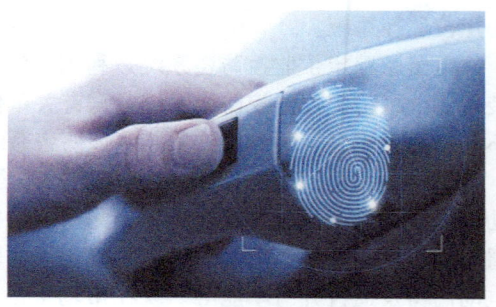

图 7-5　汽车指纹防盗器

汽车防盗器安装

一、设备、工具和材料准备

汽车防盗器安装设备、工具见表 7-1。

表 7-1　汽车防盗器安装设备、工具

序号	设备、工具	图例
1	剥线钳	
2	测电笔（12~24V）	
3	螺钉旋具	
4	绝缘胶布	
5	剪刀	

项目七　汽车安全防护装置

二、任务实施步骤及要求

汽车防盗器安装步骤见表7-2。

表7-2　汽车防盗器安装步骤

步骤	操作内容	操作示意图	技术要求
1	检查中控锁	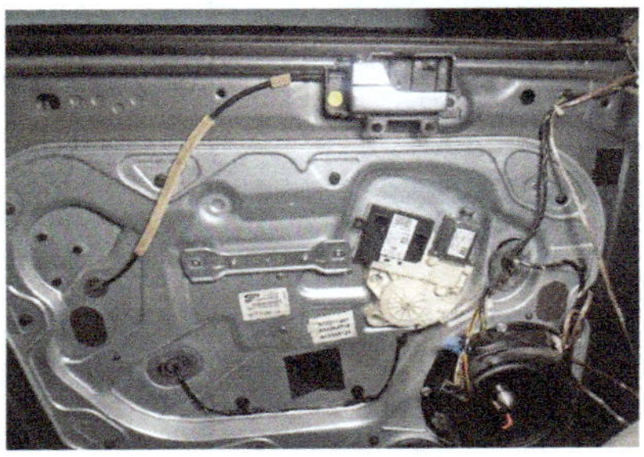	在安装前，确认原车是否有中控锁，如果有，再判断它是哪种触发形式。在安装防盗器的时候就可按照"安装电路图"中的"中控锁接线图"进行接线。注意：若判断不定，则按照"中控锁接线图"中的正负触发进行连接，确保中控锁正常工作。如果没有，则需加装中控锁
2	确定防盗器安装位置	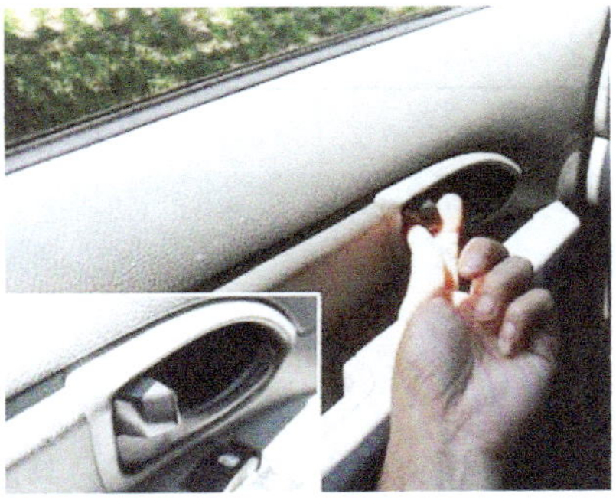	确定车内系统主机、防盗主机、天线等部件的安装位置，注意防尘、防水
3	连接电路	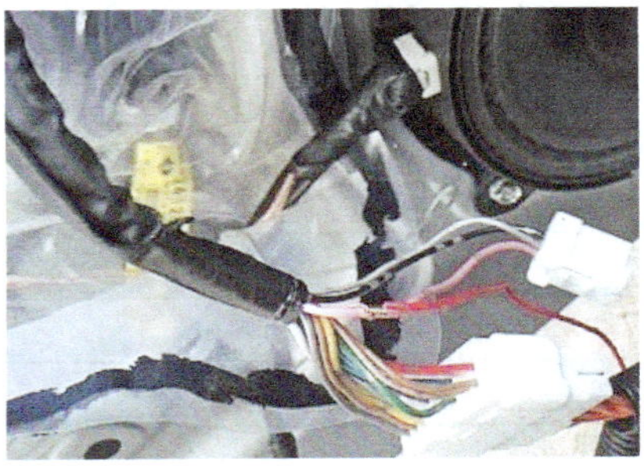	查线、接线、电路布置，查线：查出安装电路图中所需连接的电路。分布电路：分布电路时，导线应尽量隐蔽、美观，接点到主机之间的距离要预留稍长一些。接线：每测出一根电路，在确保无误的前提下连接一根，避免接错。接线要求插头连接紧密，避免虚接，用绝缘胶布包好
4	查找车内电路	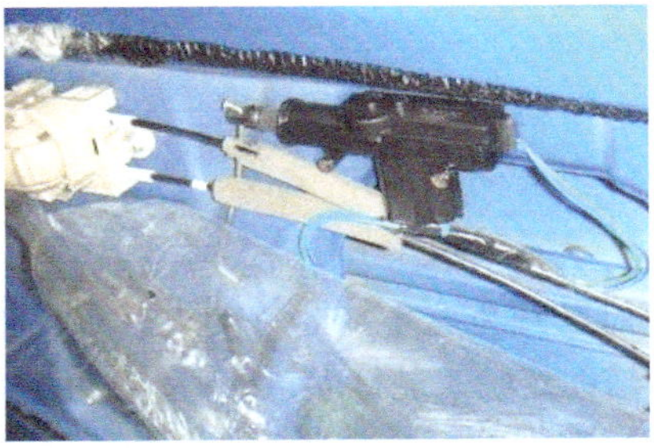	正电：拔出钥匙，电笔一端搭铁，另一端在锁头引线上测试。电笔指示灯常亮的便是正电。ACC线：将锁头钥匙拧到ACC处，用电笔在锁头引线上测试，电笔指示灯亮，钥匙关掉后，指示灯灭，此根连线即为ACC线。锁头ON线：将锁头钥匙拧到ON处，用电笔在锁头引线上测试，电笔指示灯亮，然后起动发动机，会发现电笔指示灯明显地灭一下，然后又亮起来。将此根线断掉，发动机熄火，此根连线即为ON线

步骤	操作内容	操作示意图	技术要求
5	安装系统主机		连接电路完成后，按照安装接线图最后确认无误后，连接系统负电（搭铁线）。此线最好自己找一搭铁螺钉连接。所有线束包扎完毕。将系统主机和防盗主机连接。将准备好的电话卡插入系统主机的插槽，打开SIM卡内置的电源开关
6	测试		先利用手机或座机按照说明书的电话操作内容对系统主机的电话操作进行设置：设置报警电话、紧急报警电话。然后进行测试，将所有功能演示一遍，确认无误后。将所有系统部件固定在车内隐蔽处；还原所拆的汽车内饰件。最后再进行整机测试，无误后，完成安装过程

任务二　倒车雷达安装

【任务导入】

驾驶人在倒车时，由于视线不良，很容易出现意外。倒车时不易判断倒车距离，左右后方不易把握倒车角度，行李舱太高挡住倒车视线；尤其在夜间、下雨或有雾等天气及狭窄空间停车，都会给倒车带来烦恼。

【学习目标】

目标名称	目标内容
知识目标	1. 了解汽车避撞技术
	2. 了解倒车雷达的类型及原理
技能目标	1. 掌握倒车雷达的安装要求
	2. 能正确进行倒车雷达的安装操作

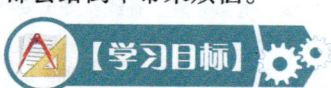【知识准备】

一、汽车避撞技术概述

汽车避撞技术用于辅助汽车驾驶人对影响公路交通安全的人、车、路环境进行实时监控，在危急情况下由系统主动干涉驾驶操纵，辅助驾驶人进行应急处理，防止汽车相撞事故的发生。

汽车避撞技术主要解决的问题是汽车之间的安全距离。汽车与汽车之间的距离超过了这个安全距离，就应该能够自动报警，并采取制动措施。测定汽车的安全距离目前一般采用的技术有超声波测距、微波雷达测距和激光测距三种。

超声波测距利用其反射特性。超声波发生器不断地发射出40kHz超声波，遇到障碍物后反射回反射波，超声波接收器接收到发射波信号并将其转换为电信号。

微波雷达测距利用目标对电磁波的反射来发现目标并测定其位置。根据微波雷达用途的不同，所测定的目标可能是飞机、导弹、车辆、建筑物和云雨等。

激光测距的工作原理与微波雷达测距的相似，具体的测距方式有连续波和脉冲波两种。

1. 倒车避撞装置

（1）超声波汽车倒车避撞装置　单片机控制的超声波倒车避撞报警器利用超声波回声测距的原理，测量车后一定距离内的物体，并以MCS51系列单片机作为中心控制单元。这种新型避撞报警器可及时显示车后障碍物的距离和方位，显示范围为0.5~9.9m，当距离大于2m时，显示车后障碍物的方位；当距离小于2m时，除了显示其方位外，还可按照三段距离分别给出三种报警信号，以警示驾驶人三种不同程度的紧急状态，使驾驶人据此做出相应的操作，防止事故的发生。

倒车避撞技术利用超声波对车后的障碍物以三种特定距离（2.1m、1.1m和0.6m）向驾驶人进行报警。报警方式有声报警和光报警（发光二极管）两种，驾驶人可以根据三种不同音调和声音或三个发光二极管的亮灭得知障碍物的实际距离。YDH型汽车倒车避撞装置是采用超声波发射与接收装置作为检测器，其中心频率为40kHz，超声波灵敏度为78dB，探测垂直角度为55°，水平角度为120°。该装置由检测器和控制器两部分组成。

（2）汽车避撞雷达　汽车避撞雷达利用电磁波发射后遇到障碍物反射回的波对其不断进行检测并计算与前方或后方障碍物的相对速度和距离，经过分析和判断，对构成危险的目标按程度的不同进行报警，控制车辆自动减速，直到自动制动。

当发射器采用微波调频连续波方式时，在车辆行进中，雷达窄波束向前发射调频连续波信号，当发射信号遇到目标时，被反射回来为同一天线接收，经混频放大处理后，可用其差频信号间的相差来表示雷达与目标的距离，把对应的脉冲信号经微处理器处理计算即可得到距离数值，再根据差频信号相差与相对速度的关系，计算出目标对雷达的相对速度；微处理器将上述两个物理量代入危险时间函数数字模型后，即可算出危险时间。当危险程度达到不同级别时，分别输出报警信号或通过车辆控制电路来控制车速或制动。

主要技术参数：作用距离不小于100m时，误差为+0.5m，微波发射频率为24.125CHz。

主要的功能：测速测距，对前方100m内的危险目标提供声光报警；兼备汽车黑匣子功能；自动巡航系统，行驶中自动保持与前面行驶车辆之间的距离；紧急情况下自动制动。

装有避撞雷达的汽车上了高速公路以后，驾驶人就可以启动车上的倒车雷达。雷达选定好跟随的车辆以后，被跟随的车辆就成了后面车辆的"目标车"，无论是加、减速，还是停车、起动，后面的车辆都能在瞬间予以模仿。如果前面的车辆在行驶一段时间后不再适合做自己的"目标车"，那么驾驶人可以重新选择另一辆"目标车"。

汽车避撞雷达在美国一些公司研制开发的时间较长，如美国TRW公司研制出的24CHz波段微波雷达已在货车和公共汽车上投入使用。

（3）激光雷达避撞装置　防追尾碰撞激光报警装置由发光部、受光部、计算车间距离的激光雷达、信号处理电路、显示装置和车速传感器等构成。

激光镜头使脉冲状的红外线激光束向前方照射，并利用汽车后部反光镜的反射光通过受光装置检测其距离。使用汽车反光镜，检测距离约为100m，最大检测宽度为35m以上。报警发生范围通过控制电路的控制，三个激光束中的左、右激光束取35m以上，宽度控制在3.5m，中央激光束的检测距离取80m以上，这样就能够尽早地检测插入车流的车辆并发出警报，同时它还能抑制弯道上的标志物而发出报警，使之达到最优状态。

控制部分由微型计算机进行下列运算：本车的车速、前方行驶车辆的车速、车间距离、根据车间距离和安全车间距离的比较发出警报声或警告灯闪烁。显示装置安装在仪表板上进行距离显示。

2. 汽车主动避撞技术

汽车主动避撞技术是利用现代信息技术和传感技术等手段，扩展驾驶人的感知能力，将感知技术获取的外界信息（如车速和其他障碍物距离等）传递给驾驶人，同时在路况与车况的综合信息中辨识是否构成安全隐患，并在紧急情况下自动采取措施控制汽车，使汽车能主动避开危险，保证车辆安全行驶，从而减少交通事故，提高交通安全性。目前研究开发的汽车主动避撞系统有以下三种类型：

1）车辆主动避撞报警系统（Collision Warning System，CWS）。该系统将探测到的危险情况发出警告。美国已经将该系统在一些重型货车和公交车辆上实现商用。

2）车辆自适应巡航控制（Adaptive Cruise Control，ACC）系统。该系统可以实现简单交通情况下的主动避撞及巡航控制，一些汽车公司在高档车型上已经开始采用ACC技术。

3）复合型车辆智能控制系统。该系统针对复杂交通情况，特别是市区交通环境，采用ACC系统辅以车辆停走系统，提高车辆智能控制的实用性。

二、汽车倒车雷达

1. 倒车雷达概述

倒车雷达（图7-6）全称叫作"倒车防撞雷达"，是汽车泊车的安全辅助装置。它能以声音或者更为直观的距离显示告知驾驶人周围障碍物的情况，解除了驾驶人泊车和起动车辆时前后左右探视所引起的困扰，并帮助驾驶人扫除了视野死角和视线模糊的缺陷，天黑、雾天也不影响其性能，大大提高了驾驶的安全性。

现在市场上的倒车雷达大多采用超声波测距原理，驾驶人在倒车时将汽车的档位推到倒档，起动倒车雷达；在控制器的控制下，由安装在车尾保险杠上的超声波传感器发送超声波，遇到障碍物后产生回波信号；传感器接收到回波信号后经控制器进行数据处理，判断出障碍物的位置，由显示器显示距离并发出警示信号，从而使驾驶人倒车时做到心中有数，使倒车变得更轻松。

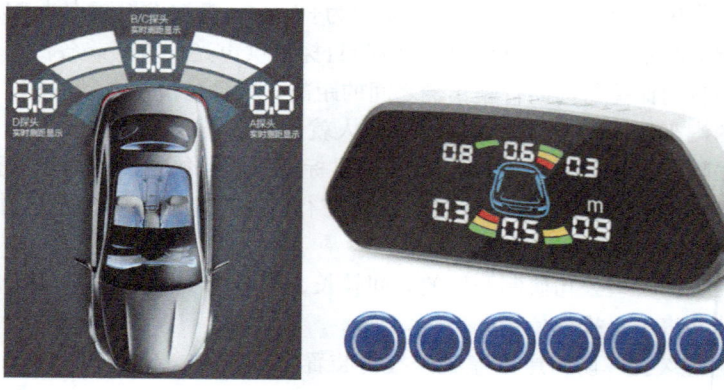

图7-6 倒车雷达

2. 倒车雷达的工作原理

当汽车档位挂入倒档时，倒车雷达自动开始通电工作，主机控制器此时先自动检测传感器的工作状态并提示检测结果，同时，向传感器发送40kHz的脉冲信号，传感器将脉冲电信号转换为超声波机械振荡信号发射出去，脉冲后停止振荡。此时，传感器用于感测障碍物反射回来的超声波信号,并将检测到的机械波信号转换为电信号,传回主机控制盒,主机控制盒经过信号处理和计算机换算,再根据程序设定进行声光显示提示。倒车雷达的主要功能是保证倒车和泊车时车辆行进的安全,探测车辆后方障碍物,并提示驾驶人防止发生碰撞。

3. 倒车雷达的功能

1)雷达测距。嵌入式雷达测距,数码显示,使泊车更容易、更安全。
2)语音报距。能及时报出与障碍物之间的距离。
3)和弦警示音。根据不同的距离发出不同的警示音。
4)车载免提。开车打手机,不用拿起手机即可完成通话。
5)录、放音。通话时,可随时录下谈话重要内容,免去找纸笔的烦恼。

4. 倒车雷达系统的组成

倒车雷达由超声波传感器、控制器和显示器三部分构成,超声波传感器可以根据需要安装不同的数量,目前比较常见的是4超声波传感器(安装在后保险杠上)、6超声波传感器(2前4后)和8超声波传感器(前面4个后面4个)的,如图7-7所示。

1)超声波传感器。超声波传感器是安装在后保险杠上的圆柱形物件,其功能是负责发送和接收超声波,并与控制器通信。因为超声波传感器直接和外界接触,所以有防水、防尘、保证信号清晰的基本要求。
2)线束。线束担负着在传感器与控制器之间传递数据的任务。
3)控制器。控制器的地位犹如"大脑",其主要功能是负责收、发、处理超声波信号,以及声响报警,主导着整个系统的行为。
4)显示器。显示器用于显示障碍物与车的距离及方位。其显示方式为泡段显示、颜色显示和数字显示。

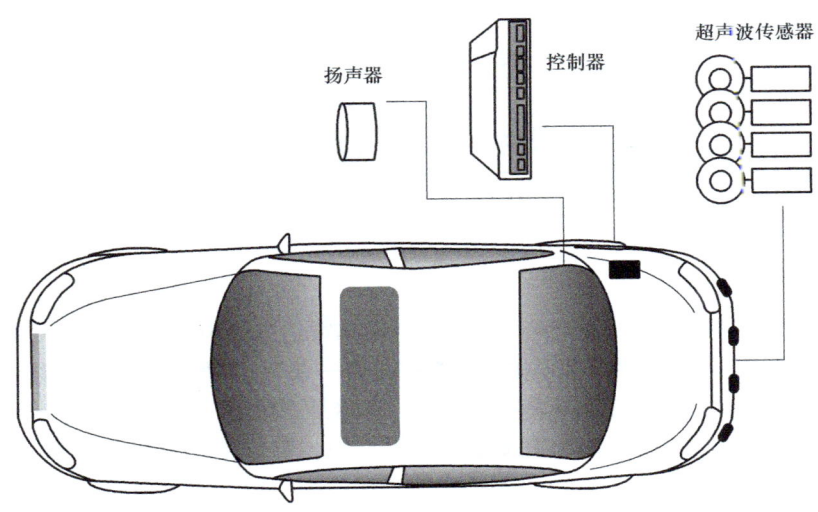

图7-7 倒车雷达系统的组成

5. 倒车雷达使用的注意事项

1)盲区问题。千万不要以为装了倒车雷达就万无一失了。倒车雷达只能作为一种参考,因为雷达的超声波传感器也有盲区,装两个超声波传感器的车主,特别要注意车后的中间地带。
2)适应问题。倒车雷达的使用需要一个适应过程。一般在刚开始使用时,尽量要多下车看看,以便准确地了解雷达显示的数值与实际目测距离的差别,由于雷达测量角度的关系,总有一些误差。

3）目测结合问题。碰到光滑斜坡、光滑圆形球状物和花坛中伸出的小树枝时，要加以目测，因为这时的超声波传感器探测能力下降，提供的数据就不会非常正确了。碰到天气过热、过冷、过湿，路面不平或沙地时，也不能掉以轻心，要多回头看看后面的情况。

4）进退问题。听到蜂鸣器连续音时，应及时停车，因为这说明车辆已到危险区域。倒车时车速一定要慢，以免车辆因惯性而碰到障碍物。

5）注意清洁和保养。超声波传感器要经常清洁，特别是雨雪天后，泥水和冰雪会覆盖住超声波传感器，有附着物存在肯定会影响探测精度。

一般来说，超声波传感器可以侦测到大部分的障碍物。但是碰到个别情况，就可能不会报警或者误报警，传感器系统技术含量再高，探测能力再强，它毕竟只是一个辅助工具。在倒车时，还是要相信自己的判断，并且在实践中逐步提高自己的驾驶技术。倒车雷达误报警示意图如图7-8所示。

图7-8 倒车雷达误报警示意图

6. 倒车雷达的选装

（1）**质量方面** 首先，可按照产品的说明书对倒车雷达进行距离测试（用尺子测量车尾与障碍物之间的实际距离，看其与倒车雷达显示的数据是否一致），即看一看当障碍物处于说明书中所说的各个区域时，雷达的反应是否与说明相符合，雷达是否敏感，有无误报等问题；其次，要对传感器进行防水测试（用矿泉水或水龙头的水冲传感器），看一看在雨雪和较湿润的天气雷达能否正常工作。

优质倒车雷达提供的服务较好，承诺的保修期较长，因此最好选购保修期两年以上的产品。

（2）**功能方面** 倒车雷达从功能上区分可分为距离显示、声音提示报警、方位指示、语音提示和传感器自动检测等，一个功能齐全的倒车雷达应具备以上这些功能。有的产品还具备开机自检的功能。

（3）**性能方面** 倒车雷达的性能主要从探测范围、准确性、显示稳定性和捕捉目标速度来考证。探测范围至少为0.4~1.5m（将障碍物通过不同角度切入传感器的测试范围进行测试，一个传感器正常测试范围的夹角为90°）。准确性主要看两个方面：首先看显示分辨率，一般为10cm，好的能达到1m；其次看探测误差，即显示距离与实际距离之间的误差，好产品的探测误差低于3cm。

项目七　汽车安全防护装置

显示稳定性是指在障碍物反射面不好的情况下,能否捕捉到并稳定地显示障碍物的距离。捕捉目标速度反映倒车雷达对移动物体的捕捉能力。倒车雷达性能方面的要求是测得准、测得稳、范围宽和捕捉速度快。

(4)外观工艺方面　作为汽车的内、外装饰件,显示器和传感器安装后应美观大方,与汽车相协调。例如:传感器的颜色是否与保险杠的颜色相一致,尺寸的大小是否合适。外形上,传感器一般有融合式和纽扣式两种:融合式传感器表面有造型变化,追求与前、后杠的自然过渡;而纽扣式传感器的表面侧一般是平的。显示器一般根据车主的习惯,分为前置式和后置式两种,主要以清晰美观为标准。

【任务实施】

汽车倒车雷达安装

一、设备、工具和材料准备

汽车倒车雷达安装设备、工具见表7-3。

表7-3　汽车倒车雷达安装设备、工具

序号	设备、工具	图例
1	手电钻	
2	剥线钳	
3	测电笔(12~24V)	
4	螺钉旋具	

（续）

序号	设备、工具	图例
5	钢卷尺	
6	绝缘胶带	

二、任务实施步骤及要求

汽车倒车雷达安装步骤见表7-4。

表7-4 汽车倒车雷达安装步骤

步骤	操作内容	操作示意图	技术要求
1	选点		4个传感器的钻孔点需在同一水平线上。传感器的安装距地面高度为50~70cm，推荐值为60cm。为确保系统的最佳探测角度，A、D两个传感器应在距角边两侧12~20cm，推荐值为15cm。根据车型取合适的值，确定A、D两个传感器的钻孔位置，并做相应标记测量A、D两传感器的距离。将此距离3等分，A、D中间的两个等分点为B、C传感器的位置，做下标记
2	钻孔	 Ø相等值	先用丝锥或钻头打点定位，以防钻头滑位。使用金属开孔钻对准定位点钻孔
3	安装传感器	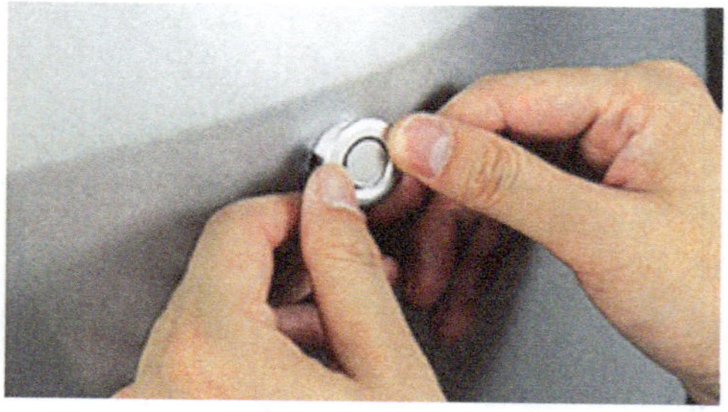	把传感器逐个塞入孔内，并预留约10cm的传感器线

项目七　汽车安全防护装置　　161

（续）

步骤	操作内容	操作示意图	技术要求
4	接线		根据各种车型，进行隐蔽铺线。把显示器底座粘贴在车身仪表板上方的平台上。控制器盒安装于行李舱内安全、不热、不潮、无溅水的位置。引出倒车灯电源，把控制器电源线与倒车灯电源线并接。将各控制线与主机一一对牢接固，最后接上电源线。将控制器包扎好，安置于行李舱内侧不受挤压的位置
5	完成测试		裁边切割拿捏要准确。第一，刀片要锋利，才有利于把握力度，防止刮花玻璃；第二，前、后风窗要多裁1~2cm，多余的留边可塞进侧窗缝隙内；第三，用保护衬垫片做好刀尖与玻璃之间的保护

任务三　汽车行车记录仪安装

【任务导入】

行车记录仪（图7-9）即记录车辆行驶途中的影像及声音等相关资讯的仪器。安装行车记录仪后，能够记录汽车行驶全过程的视频图像和声音，可为交通事故提供证据。喜欢自驾游的人，还可以用它来记录征服艰难险阻的过程。开车时边走边录像，同时把时间、速度、所在位置都记录在录像里，相当"黑匣子"。平时还可以做停车监控，安装行车记录仪，视频资料不可以裁剪，如果裁剪，在责任事故发生后则无法提供帮助。

图7-9　汽车行车记录仪

【学习目标】

目标名称	目标内容
知识目标	1. 了解行车记录仪类型
	2. 掌握行车记录仪技术参数
技能目标	1. 掌握行车记录仪的安装要求
	2. 能正确进行行车记录仪的安装操作

一、行车记录仪的功能

1）维护驾驶人的合法权益,对横穿公路的行人及骑自行车、摩托车的,万一和他们产生了刮碰,有可能会被敲诈勒索,如果有了行车记录仪,驾驶人可为自己提供有效的证据。

2）将监控录像记录回放,事故责任一目了然,交警处理事故快速准确;既可快速撤离现场恢复交通,又可保留事发时的有效证据,营造安全畅通的交通环境。

3）如果每辆车上都安装行车记录仪,驾驶人也不敢随便违章行驶,事故发生率也会大幅度下降,肇事车辆都会被其他车辆的行车记录仪拍摄下来,交通肇事逃逸案将大大减少。

4）法院在审理道路交通事故案件时,在量刑和赔偿上将更加准确和有据可依,也给保险公司的理赔提供了证据。

5）碰到专业碰瓷的和拦路抢劫的,行车记录仪将可以提供破案的决定性的证据:事故发生现场和案犯的外貌特征等。

6）喜欢自驾游的朋友,还可以用它来记录征服艰难险阻的过程。开车时边走边录像,同时把时间、速度、所在位置都记录在录像里,相当于"黑匣子"。

二、行车记录仪的组成

1）主机:包括微处理器、数据存储器、实时时钟、显示器、镜头模组、操作键、打印机、数据通信接门等装置。如果主机本体上不包含显示器、打印机,则应留有相应的数据显示和打印输出接口,如图7-10所示。

2）车速传感器。

3）数据分析软件。

4）红外线摄像头,作为夜视功能的重要组件是必不可少的。

图7-10 行车记录仪主机

三、行车记录仪的分类

1. 按装配方式分类

行车记录仪主要分为便携性行车记录仪与后装车机一体式DVD行车记录仪两大类,其中便携性行车记录仪又分为后视镜行车记录仪与数据行车记录仪,这类记录仪具有隐蔽性好、安装方便、可拆卸更换、成本低和使用简单等特点;而后装车机一体式DVD行车记录仪一般是专车专用,又分为前装和后装两种,安装这种记录仪成本较高,改装难度较大,但是安装之后可以保持车内环境的美观,此外,也有部分豪华车型在出厂时已经安装了行车记录仪。

2. 按摄像头数量分类

按照汽车摄像头的多少一般又有了2路、3路、4路和8路行车记录仪。5路输入其中一种可以接倒车摄像头使用,其他四路行车记录像用。

3. 按外观功能分类

根据车型及功能可分类为高清行车记录仪、迷你行车记录仪、夜视行车记录仪、广角行车记录仪、双镜头行车记录仪、多功能一体机、眼镜式多功能行车记录仪等。

项目七　汽车安全防护装置

4. 按内存容量分类

一般行车记录仪都没有内置内存的，要靠内存卡扩展或者移动数字硬盘。如果是 Micro SD 卡扩展或者是 SD 卡扩展，容量 8G、16G、32G、64G、128G 不等；如果是移动数字硬盘，容量可为 250G、500G、1000G 等。能满足用户更大的视频储存需求，按个人所需配置，内存越大行车记录仪价格当然就越高，一般要按行车记录仪录像的清晰度及摄像头的记录储存来决定购买多大的内存适合，高清的行车记录仪有 720p 和 1080p 的，4G 的卡录 720p 的视频只可以录制 1h 左右，1080p 的视频占用的空间将近是 720p 的 2 倍。

5. 按视频解析度分类

视频文件的解析度和帧流率是衡量行车记录仪画质品质的一个重要指标，行车记录仪市场主要分为普清、高清、全高清、超清四种，高清的行车记录仪有 720p@ 30FPS、720p@ 60FPS、1080p@ 30FPS、1080p@ 60FPS 的，超清的有 1296p@ 30FPS。

6. 按拍摄角度分类

一般拍摄角度有几种，大多是根据摄像头的角度来调整：90°、100°、120°、140°、150°、170°等。主流的单镜头行车记录仪都配备 120°或者 140°的广角镜头。单镜头基本达不到 170°的广角，即便达到 170°画面也会严重变形，反而影响画面的清晰。

7. 按视频像素分类

按照像素划分，行车记录仪有：30 万像素、130 万像素、200 万像素、500 万像素四种，有些标注 1200 万像素是指静态拍照，而并非视频像素值。

四、行车记录仪技术参数

行车记录仪技术参数包括拍摄角度、视频分辨率、压缩格式、缓存、录像是否可手动关闭、紧急录影、不干扰其他汽车电子产品、是否配卡等方面。

1. 摄像角度

摄像角度指的是行车记录仪能够清晰拍摄的角度，如图 7-11 所示，一般行车记录仪有 140°、160°、170°广角视野，这些角度基本能够保证将车辆两边的车道都拍进去。当然，选择尽可能大的摄像角度对于车主而言更好。

2. 视频分辨率

一般来说，视频分辨率为 1440×900 时基本能够保证所拍摄的前车牌照等能看清楚，旁边车道的车牌也相对清晰。此外，记录仪的 CMOS 芯片的感光能力以及外面的镜头的玻璃的好坏，直接关系到其夜晚拍摄的效果，如图 7-12 所示。

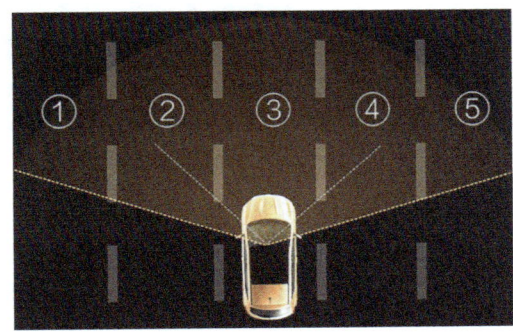

图 7-11　摄像角度

图 7-12　夜间效果

3. 压缩格式

行车记录仪大多采用 H.264 压缩格式，没有好的压缩方式不仅仅意味着占用更大的存储容量，同时对存储卡的速度要求更高，否则容易丢帧，影响存储卡行车记录仪的兼容性。图 7-13 所示为压缩录影和正常存储对比图。720p 分辨率 H.264 压缩的 1min 片段大小约为 60MB 左右。对于车主而言，合理选择记录间隔时间和容量有助于发生事故时的及时取证，一般而言，选择 1min 作为间隔时间为宜。

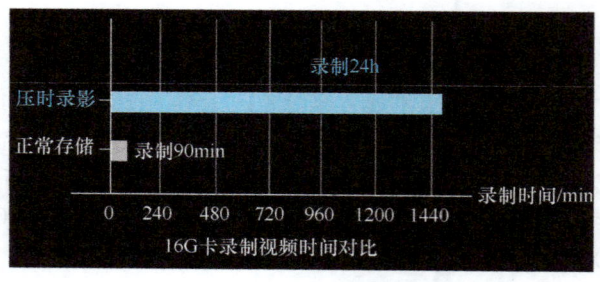

图 7-13　压缩录影和正常存储对比图

4. 缓存

较大的缓存能带来更流畅的视频及更好的存储卡兼容性。

5. 录音功能

录音开启如果不能关闭，不利于车内的隐私，说个什么事情，全被录下来了，可能会有很尴尬的状况出现。

6. 紧急录影

基于前述行车记录仪循环录影的特性，如果有一段影像很重要，但以后的视频还要拍摄，那么前面重要的视频就会存在被自动删除的问题了。这时出现了紧急录影的设计，如果有重要的影像，只需手动按一个键，就会强制保存这段视频在卡存满时不会被自动删除。自动紧急录影如图 7-14 所示，是利用重力传感器，在监控到车载猛烈振动时会自动保护这段视频不被自动删除，在车辆发生碰撞时此功能会有很好用途。

7. 屏蔽措施

行车记录仪采取屏蔽措施，避免电磁干扰 GPS 导航、遥控器、收音、胎压计和行车 ECU 等汽车电子产品。

8. 内存

由于行车记录仪录制的视频文件非常巨大，高清视双镜头拍摄减少画面边缘扭曲频率每分钟高达百兆，因此对内存卡写入的速度有着苛刻的要求。低速卡发热量行车记录仪很大会导致死机。优质的芯片能反复擦写超过 100000 次，劣质的只能 2000 次左右。

9. 夜视能力

夜视效果是指产品低照度性能，产品在夜间的拍摄效果，对于夜视拍摄不清晰的情况可以使用红外线补光和 LD 补光。

10. 重力感应

重力感应就是在车辆速度发生突变的时候，行车记录仪能够马上记录下速度突变前 10s 后 20s 的行驶录像，使事件发生的前后得以完整记录。

图 7-14　自动紧急录影

汽车行车记录仪安装

一、设备、工具和材料准备

汽车行车记录仪安装设备、工具见表 7-5。

表 7-5　汽车行车记录仪安装设备、工具

序号	设备、工具	图　　例
1	手电钻	
2	剥线钳	
3	测电笔（12~24V）	
4	螺钉旋具	
5	钢卷尺	
6	绝缘胶带	

二、任务实施步骤及要求

汽车行车记录仪安装步骤见表 7-6。

汽车美容与装饰

表 7-6　汽车行车记录仪安装步骤

步骤	操作内容	操作示意图	技术要求
1	安装主机		将 TF 卡插入主机，将 3M 硅胶底座水平放置于原车中控台面。将主机垂直放置于底座上，并旋转 90°，即可与底座卡住扣紧
2	车充电源方式		电源线与主机连接后，将电源线沿着中控台与前风窗玻璃的间隙塞入走线；撬开右侧 A 柱，沿 A 柱下线；撬开中控台的侧面，牵引电源线走杂物箱的下侧；再牵引至点烟器位置，最后接入车充电源接口即可
3	降压线电源方式		将电源线插口预留到主机位置；再将电源线沿中控台与前风窗玻璃的间隙塞入走线；撬开左侧 A 柱，沿 A 柱下线；撬开中控台的侧面，牵引电源线至熔丝盒位置；将 ACC 线/正极/负极接到对应位置；确认无误后，接上主机电源接口即可
4	后摄像头安装		将后摄像头延长线插入主机，沿着顶棚走线，进入行李舱，走线到后车牌照灯位置，将后摄像头安装在后车牌灯架位置，对接摄像头和延长线，将延长线上的倒车控制线（红线）接到倒车灯正极，以自动切换倒车影像
5	完成测试		——

参 考 文 献

[1] 宁德发. 汽车改装技术应用与实例［M］. 北京：化学工业出版社，2017.
[2] 罗华，李云杰. 汽车美容与装饰［M］. 2版. 北京：机械工业出版社，2020.
[3] 周燕. 汽车美容与装饰［M］. 北京：北京理工大学出版社，2005.

汽车美容与装饰

实 训 工 单

班级＿＿＿＿＿＿＿＿

姓名＿＿＿＿＿＿＿＿

学号＿＿＿＿＿＿＿＿

机械工业出版社

目 录

汽车美容与装饰工具设备认识 …………………………………………… 1
汽车清洗 ……………………………………………………………………… 3
汽车发动机外部清洁 ………………………………………………………… 5
汽车底盘封胶 ………………………………………………………………… 7
汽车内饰清洁 ………………………………………………………………… 9
汽车车身打蜡 ………………………………………………………………… 11
汽车漆面斑点及失光治理 …………………………………………………… 13
汽车漆面镀膜 ………………………………………………………………… 15
汽车漆面修补 ………………………………………………………………… 17
汽车漆膜缺陷及处理 ………………………………………………………… 19
汽车漆面酸蚀处理 …………………………………………………………… 21
汽车防爆太阳膜粘贴 ………………………………………………………… 23
汽车天窗加装 ………………………………………………………………… 25
汽车导流板和扰流板加装 …………………………………………………… 27
汽车 HID 氙气灯改装 ………………………………………………………… 29
汽车车轮改装 ………………………………………………………………… 31
汽车底盘护甲 ………………………………………………………………… 33
车身改色膜粘贴 ……………………………………………………………… 35
车身彩绘 ……………………………………………………………………… 37
汽车儿童座椅安装 …………………………………………………………… 39
汽车音响改装 ………………………………………………………………… 41
汽车行李舱消毒 ……………………………………………………………… 43
发动机舱盖隔音棉粘贴 ……………………………………………………… 45
汽车防盗器安装 ……………………………………………………………… 47
汽车倒车雷达安装 …………………………………………………………… 49
汽车行车记录仪安装 ………………………………………………………… 51

汽车美容与装饰工具设备认识

任务名称	汽车美容与装饰工具设备认识		
班　级		姓　名	
地　点		日　期	
第＿＿小组成员			

一、收集信息

[引导问题]

1. 汽车美容所需要的工具

2. 汽车装饰所需要的工具

3. 汽车美容装饰所需要的耗材

[查阅资料]

1. 汽车美容项目及工具

2. 汽车装饰项目及工具

二、计划组织

小组组别	
设备工具	汽车、_____ _____
组织安排	一组二人：A. 汽车美容工具与设备 B. 汽车装饰工具与设备 C. 汽车美容与装饰所用耗材 D. 汽车美容与装饰场地布置
准备工作	检查安全环保措施、熟悉布置工作场景

三、任务实施

作业内容	质量要求	完成情况
汽车美容工具与设备		□完成　□未完成
汽车装饰工具与设备		□完成　□未完成
汽车美容与装饰耗材		□完成　□未完成
汽车美容与装饰场地布置		□完成　□未完成

四、评价反思

在教师的指导下，反思自己的工作方式和工作质量。

评价表				
项目	评价指标	自评		互评
专业技能	汽车美容工具设备识别	□合格　□不合格		□合格　□不合格
	汽车装饰工具设备识别	□合格　□不合格		□合格　□不合格
	完整填写工作页	□合格　□不合格		□合格　□不合格
工作态度	着装规范，符合职业要求	□合格　□不合格		□合格　□不合格
	正确查阅维修资料和学习材料	□合格　□不合格		□合格　□不合格
	分工明确，配合默契	□合格　□不合格		□合格　□不合格
个人反思		完成任务的安全、质量、时间和7S要求，是否达到最佳程度，请提出个人改进建议		
教师评价	教师签字 　　　　　年　月　日	成绩		
		□合格　□不合格		

汽车清洗

任务名称		汽车清洗		
班　　级		姓　　名		
地　　点		日　　期		
第___小组成员				

一、收集信息

[引导问题]

1. 汽车清洗所需要的工具

2. 选用正确的汽车清洗剂

3. 汽车清洗的步骤

[查阅资料]

1. 汽车清洗剂的成分和除垢机理

2. 汽车清洗剂的分类

3. 汽车清洗的注意事项

二、计划组织

小组组别	
设备工具	汽车、_____ _____
组织安排	一组两人：A. 冲车　B. 擦洗　C. 冲洗　D. 擦干　E. 吹干　F. 质量检查
准备工作	检查安全环保措施、熟悉布置工作场景

三、任务实施

作业内容	质量要求	完成情况
冲车		□完成　□未完成
擦洗		□完成　□未完成
冲洗		□完成　□未完成
擦干		□完成　□未完成
吹干		□完成　□未完成
质量检查		□完成　□未完成

四、评价反思

在教师的指导下，反思自己的工作方式和工作质量。

评价表				
项目	评价指标	自评		互评
专业技能	汽车清洗的流程	□合格　□不合格		□合格　□不合格
	按照质量要求完成作业内容	□合格　□不合格		□合格　□不合格
	完整填写工作页	□合格　□不合格		□合格　□不合格
工作态度	着装规范，符合职业要求	□合格　□不合格		□合格　□不合格
	正确查阅维修资料和学习材料	□合格　□不合格		□合格　□不合格
	分工明确，配合默契	□合格　□不合格		□合格　□不合格
个人反思		完成任务的安全、质量、时间和7S要求，是否达到最佳程度，请提出个人改进建议		
教师评价	教师签字 　　　　年　月　日	成绩 □合格　□不合格		

汽车发动机外部清洁

任务名称		汽车发动机外部清洁	
班　级		姓　名	
地　点		日　期	
第＿＿小组成员			

一、收集信息

[引导问题]

1. 汽车发动机清洁的目的

2. 汽车发动机舱内清洁用到的材料和设备工具

3. 汽车发动机舱清洁步骤

[查阅资料]

1. 汽车发动机舱内清洁剂的分类

2. 汽车发动机舱内清洁的注意事项

二、计划组织

小组组别	
设备工具	汽车、_____
组织安排	分成 4 组、一组 5 人
准备工作	检查安全环保措施、熟悉布置工作场景

三、任务实施

作业内容	质量要求	完成情况
发动机防水准备		□完成 □未完成
发动机舱内清洁		□完成 □未完成
发动机舱内清洗		□完成 □未完成
发动机舱内吹干		□完成 □未完成
发动机舱内上光		□完成 □未完成

四、评价反思

在教师的指导下,反思自己的工作方式和工作质量。

评价表				
项 目	评价指标	自 评		互 评
专业技能	汽车发动机舱内清洁	□合格 □不合格		□合格 □不合格
	按照质量要求完成作业内容	□合格 □不合格		□合格 □不合格
	完整填写工作页	□合格 □不合格		□合格 □不合格
工作态度	着装规范,符合职业要求	□合格 □不合格		□合格 □不合格
	正确查阅维修资料和学习材料	□合格 □不合格		□合格 □不合格
	分工明确,配合默契	□合格 □不合格		□合格 □不合格
个人反思		完成任务的安全、质量、时间和 7S 要求,是否达到最佳程度,请提出个人改进建议		
教师评价	教师签字 年 月 日	成绩 □合格 □不合格		

汽车底盘封胶

任务名称		汽车底盘封胶	
班　级		姓　名	
地　点		日　期	
第＿＿小组成员			

一、收集信息

[引导问题]

1. 汽车底盘转向系统清洁护理的目的

2. 汽车制动系统的清洁护理步骤

3. 汽车底部锈蚀的原因

[查阅资料]

1. 底盘封胶与装甲的区别

2. 底盘装甲材料的种类及选择

3. 底盘封胶技术规范与要求

二、计划组织

小组组别	
设备工具	汽车、_____
组织安排	分成 4 组、一组 5 人
准备工作	检查安全环保措施、熟悉布置工作场景

三、任务实施

作业内容	质量要求	完成情况
清洁		□完成　□未完成
去除浮锈		□完成　□未完成
遮蔽		□完成　□未完成
喷涂		□完成　□未完成
等待干燥		□完成　□未完成

四、评价反思

在教师的指导下，反思自己的工作方式和工作质量。

<table>
<tr><td colspan="5" align="center">评 价 表</td></tr>
<tr><td>项　目</td><td>评价指标</td><td colspan="1">自　评</td><td colspan="1">互　评</td></tr>
<tr><td rowspan="3">专业技能</td><td>汽车底盘的封胶</td><td>□合格　□不合格</td><td>□合格　□不合格</td></tr>
<tr><td>按照质量要求完成作业内容</td><td>□合格　□不合格</td><td>□合格　□不合格</td></tr>
<tr><td>完整填写工作页</td><td>□合格　□不合格</td><td>□合格　□不合格</td></tr>
<tr><td rowspan="3">工作态度</td><td>着装规范，符合职业要求</td><td>□合格　□不合格</td><td>□合格　□不合格</td></tr>
<tr><td>正确查阅维修资料和学习材料</td><td>□合格　□不合格</td><td>□合格　□不合格</td></tr>
<tr><td>分工明确，配合默契</td><td>□合格　□不合格</td><td>□合格　□不合格</td></tr>
<tr><td>个人反思</td><td colspan="3">完成任务的安全、质量、时间和 7S 要求，是否达到最佳程度，请提出个人改进建议</td></tr>
<tr><td>教师评价</td><td>教师签字
　　　　　年　月　日</td><td colspan="2">成绩
□合格　□不合格</td></tr>
</table>

汽车内饰清洁

任务名称		汽车内饰清洁		
班　　级		姓　　名		
地　　点		日　　期		
第___小组成员				

一、收集信息

[引导问题]

1. 汽车内饰污垢的种类、演变和去除方法

2. 汽车内饰材料的种类

3. 汽车内饰清洁护理产品

[查阅资料]

1. 车内消毒方法

2. 汽车室内消毒步骤

3. 汽车室内消毒注意事项

二、计划组织

小组组别	
设备工具	汽车、_____
组织安排	分成4组、一组6人
准备工作	检查安全环保措施、熟悉布置工作场景

三、任务实施

作业内容	质量要求	完成情况
空调出风口格栅清洁		□完成 □未完成
塑料内饰的清洁		□完成 □未完成
桃木内饰的清洁		□完成 □未完成
车顶绒面/布料的清洁		□完成 □未完成
座椅皮质的清洁		□完成 □未完成
地毯的清洁		□完成 □未完成

四、评价反思

在教师的指导下，反思自己的工作方式和工作质量。

<table>
<tr><th colspan="4">评 价 表</th></tr>
<tr><th>项 目</th><th>评价指标</th><th>自 评</th><th>互 评</th></tr>
<tr><td rowspan="3">专业技能</td><td>汽车内饰的清洁</td><td>□合格 □不合格</td><td>□合格 □不合格</td></tr>
<tr><td>按照质量要求完成作业内容</td><td>□合格 □不合格</td><td>□合格 □不合格</td></tr>
<tr><td>完整填写工作页</td><td>□合格 □不合格</td><td>□合格 □不合格</td></tr>
<tr><td rowspan="3">工作态度</td><td>着装规范，符合职业要求</td><td>□合格 □不合格</td><td>□合格 □不合格</td></tr>
<tr><td>正确查阅维修资料和学习材料</td><td>□合格 □不合格</td><td>□合格 □不合格</td></tr>
<tr><td>分工明确，配合默契</td><td>□合格 □不合格</td><td>□合格 □不合格</td></tr>
<tr><td>个人反思</td><td colspan="3">完成任务的安全、质量、时间和7S要求，是否达到最佳程度，请提出个人改进建议</td></tr>
<tr><td rowspan="2">教师评价</td><td rowspan="2">教师签字
　　　　年　月　日</td><td colspan="2">成绩</td></tr>
<tr><td colspan="2">□合格 □不合格</td></tr>
</table>

汽车车身打蜡

任务名称		汽车车身打蜡	
班　　级		姓　　名	
地　　点		日　　期	
第＿＿小组成员			

一、收集信息

[引导问题]

1. 汽车车蜡的作用

2. 汽车车身打蜡常用的设备工具

3. 汽车车身打蜡的步骤

[查阅资料]

1. 汽车车蜡的主要成分和分类

2. 汽车打蜡的方式

3. 汽车车身打蜡的注意事项

二、计划组织

小组组别	
设备工具	汽车、_____
组织安排	分成4组、一组5人
准备工作	检查安全环保措施、熟悉布置工作场景

三、任务实施

作业内容	质量要求	完成情况
洗车除尘		□ 完成　□ 未完成
车身打蜡		□ 完成　□ 未完成
收尾抛光		□ 完成　□ 未完成
检查收工		□ 完成　□ 未完成

四、评价反思

在教师的指导下，反思自己的工作方式和工作质量。

\	评价表		
项　目	评价指标	自评	互评
专业技能	汽车车身打蜡	□ 合格　□ 不合格	□ 合格　□ 不合格
	按照质量要求完成作业内容	□ 合格　□ 不合格	□ 合格　□ 不合格
	完整填写工作页	□ 合格　□ 不合格	□ 合格　□ 不合格
工作态度	着装规范，符合职业要求	□ 合格　□ 不合格	□ 合格　□ 不合格
	正确查阅维修资料和学习材料	□ 合格　□ 不合格	□ 合格　□ 不合格
	分工明确，配合默契	□ 合格　□ 不合格	□ 合格　□ 不合格
个人反思		完成任务的安全、质量、时间和7S要求，是否达到最佳程度，请提出个人改进建议	
教师评价	教师签字　　　　年　月　日	成绩 □ 合格　□ 不合格	

汽车漆面斑点及失光治理

任务名称		汽车漆面斑点及失光治理	
班　　级		姓　　名	
地　　点		日　　期	
第＿＿小组成员			

一、收集信息

[引导问题]

1. 汽车漆面研磨与抛光的作用

2. 汽车漆面研磨与抛光常用的设备工具

3. 汽车漆面斑点及失光治理步骤

[查阅资料]

1. 汽车研磨剂的种类

2. 汽车抛光机的使用方法

3. 汽车漆面研磨注意事项

二、计划组织

小组组别	
设备工具	汽车、_____
组织安排	分成 4 组、一组 5 人
准备工作	检查安全环保措施、熟悉布置工作场景

三、任务实施

作业内容	质量要求	完成情况
车身清洁		□ 完成　□ 未完成
粗抛漆面		□ 完成　□ 未完成
细抛漆面		□ 完成　□ 未完成
漆面上光封闭保护		□ 完成　□ 未完成

四、评价反思

在教师的指导下，反思自己的工作方式和工作质量。

	评　价　表		
项　目	评价指标	自　评	互　评
专业技能	汽车漆面斑点及失光的治理	□ 合格　□ 不合格	□ 合格　□ 不合格
	按照质量要求完成作业内容	□ 合格　□ 不合格	□ 合格　□ 不合格
	完整填写工作页	□ 合格　□ 不合格	□ 合格　□ 不合格
工作态度	着装规范，符合职业要求	□ 合格　□ 不合格	□ 合格　□ 不合格
	正确查阅维修资料和学习材料	□ 合格　□ 不合格	□ 合格　□ 不合格
	分工明确，配合默契	□ 合格　□ 不合格	□ 合格　□ 不合格
个人反思		完成任务的安全、质量、时间和 7S 要求，是否达到最佳程度，请提出个人改进建议	
教师评价	教师签字　　　　年　月　日	成绩　　　　□ 合格　□ 不合格	

汽车漆面镀膜

任务名称		汽车漆面镀膜	
班　级		姓　名	
地　点		日　期	
第___小组成员			

一、收集信息

[引导问题]

1. 汽车漆面镀膜的目的

2. 汽车漆面镀膜常用的设备工具

3. 汽车漆面镀膜步骤

[查阅资料]

1. 汽车漆面的细小划痕处理方法

2. 汽车漆面镀膜的工作原理

3. 汽车漆面镀膜的注意事项

二、计划组织

小组组别	
设备工具	汽车、_____ _____
组织安排	分成4组、一组6人
准备工作	检查安全环保措施、熟悉布置工作场景

三、任务实施

作业内容	质量要求	完成情况
漆面清洁		□完成 □未完成
粘贴美纹纸		□完成 □未完成
研磨抛光和还原		□完成 □未完成
漆面脱脂		□完成 □未完成
镀膜		□完成 □未完成
贴镀膜品牌标志并进行全面检查		□完成 □未完成

四、评价反思

在教师的指导下,反思自己的工作方式和工作质量。

评价表				
项目	评价指标	自评		互评
专业技能	汽车漆面的镀膜	□合格 □不合格		□合格 □不合格
	按照质量要求完成作业内容	□合格 □不合格		□合格 □不合格
	完整填写工作页	□合格 □不合格		□合格 □不合格
工作态度	着装规范,符合职业要求	□合格 □不合格		□合格 □不合格
	正确查阅维修资料和学习材料	□合格 □不合格		□合格 □不合格
	分工明确,配合默契	□合格 □不合格		□合格 □不合格
个人反思		完成任务的安全、质量、时间和7S要求,是否达到最佳程度,请提出个人改进建议		
教师评价	教师签字 年 月 日	成绩 □合格 □不合格		

汽车漆面修补

任务名称		汽车漆面修补	
班　　级		姓　　名	
地　　点		日　　期	
第___小组成员			

一、收集信息

[引导问题]

1. 汽车漆面修补的目的

2. 汽车漆面修补常用的设备工具

3. 汽车漆面修补的步骤

[查阅资料]

1. 汽车漆面涂层的组成

2. 汽车喷枪的工作原理

3. 汽车漆面修补的注意事项

17

二、计划组织

小组组别	
设备工具	汽车、
组织安排	分成4组、一组5人
准备工作	检查安全环保措施、熟悉布置工作场景

三、任务实施

作业内容	质量要求	完成情况
漆面清洁遮蔽		□完成 □未完成
漆面打磨		□完成 □未完成
调漆		□完成 □未完成
漆面喷涂		□完成 □未完成
红外干燥		□完成 □未完成

四、评价反思

在教师的指导下，反思自己的工作方式和工作质量。

<table>
<tr><td colspan="5" align="center">评 价 表</td></tr>
<tr><td>项 目</td><td>评价指标</td><td colspan="2">自 评</td><td>互 评</td></tr>
<tr><td rowspan="3">专业技能</td><td>漆面清洁遮蔽</td><td colspan="2">□合格 □不合格</td><td>□合格 □不合格</td></tr>
<tr><td>按照质量要求完成作业内容</td><td colspan="2">□合格 □不合格</td><td>□合格 □不合格</td></tr>
<tr><td>完整填写工作页</td><td colspan="2">□合格 □不合格</td><td>□合格 □不合格</td></tr>
<tr><td rowspan="3">工作态度</td><td>着装规范，符合职业要求</td><td colspan="2">□合格 □不合格</td><td>□合格 □不合格</td></tr>
<tr><td>正确查阅维修资料和学习材料</td><td colspan="2">□合格 □不合格</td><td>□合格 □不合格</td></tr>
<tr><td>分工明确，配合默契</td><td colspan="2">□合格 □不合格</td><td>□合格 □不合格</td></tr>
<tr><td>个人反思</td><td></td><td colspan="3">完成任务的安全、质量、时间和7S要求，是否达到最佳程度，请提出个人改进建议</td></tr>
<tr><td rowspan="2">教师评价</td><td rowspan="2">教师签字
　　年　月　日</td><td colspan="3">成绩</td></tr>
<tr><td colspan="3">□合格 □不合格</td></tr>
</table>

汽车漆膜缺陷及处理

任务名称		汽车漆膜缺陷及处理	
班　　级		姓　　名	
地　　点		日　　期	
第＿＿小组成员			

一、收集信息

[引导问题]

1. 汽车漆膜缺陷的分类

2. 汽车漆膜缺陷修补常用的设备工具

3. 汽车漆膜缺陷修补的步骤

[查阅资料]

1. 汽车漆膜缺陷产生的原因

2. 汽车漆膜缺陷修补的注意事项

二、计划组织

小组组别	
设备工具	汽车、_____ _____
组织安排	分成 4 组、一组 5 人
准备工作	检查安全环保措施、熟悉布置工作场景

三、任务实施

作业内容	质量要求	完成情况
漆膜缺陷检测		□ 完成　□ 未完成
漆膜缺陷分析		□ 完成　□ 未完成
制订维修方案		□ 完成　□ 未完成
漆膜修复		□ 完成　□ 未完成
质量检查		□ 完成　□ 未完成

四、评价反思

在教师的指导下，反思自己的工作方式和工作质量。

评价表				
项　目	评价指标	自　评		互　评
专业技能	漆膜缺陷修复	□ 合格　□ 不合格		□ 合格　□ 不合格
专业技能	按照质量要求完成作业内容	□ 合格　□ 不合格		□ 合格　□ 不合格
专业技能	完整填写工作页	□ 合格　□ 不合格		□ 合格　□ 不合格
工作态度	着装规范，符合职业要求	□ 合格　□ 不合格		□ 合格　□ 不合格
工作态度	正确查阅维修资料和学习材料	□ 合格　□ 不合格		□ 合格　□ 不合格
工作态度	分工明确，配合默契	□ 合格　□ 不合格		□ 合格　□ 不合格
个人反思		完成任务的安全、质量、时间和 7S 要求，是否达到最佳程度，请提出个人改进建议		
教师评价	教师签字 　　年　月　日	成绩 □ 合格　□ 不合格		

汽车漆面酸蚀处理

任务名称		汽车漆面酸蚀处理	
班　级		姓　名	
地　点		日　期	
第＿＿小组成员			

一、收集信息

[引导问题]

1. 在涂装过程中，漆膜容易产生的缺陷

2. 漆面产生酸蚀现象的处理方法

[查阅资料]

1. 漆面产生条纹的处理方法

2. 漆面龟裂的原因

3. 漆面脆裂的处理方法

21

二、计划组织

小组组别	
设备工具	汽车、_____
组织安排	一组五人：A. 漆面清洁抛光 B. 漆面打磨 C. 调漆 D. 漆面喷涂 E. 质量检查。各任务间轮换角色
准备工作	检查安全环保措施、熟悉布置工作场景

三、任务实施

作业内容	质量要求	完成情况
清洁漆面抛光		☐ 完成 ☐ 未完成
漆面打磨		☐ 完成 ☐ 未完成
调漆		☐ 完成 ☐ 未完成
漆面喷涂		☐ 完成 ☐ 未完成
红外干燥		☐ 完成 ☐ 未完成

四、评价反思

在教师的指导下，反思自己的工作方式和工作质量。

<table>
<tr><th colspan="5">评 价 表</th></tr>
<tr><th>项　目</th><th>评价指标</th><th>自　评</th><th>互　评</th></tr>
<tr><td rowspan="3">专业技能</td><td>漆面清洁抛光</td><td>☐ 合格　☐ 不合格</td><td>☐ 合格　☐ 不合格</td></tr>
<tr><td>按照质量要求完成作业内容</td><td>☐ 合格　☐ 不合格</td><td>☐ 合格　☐ 不合格</td></tr>
<tr><td>完整填写工作页</td><td>☐ 合格　☐ 不合格</td><td>☐ 合格　☐ 不合格</td></tr>
<tr><td rowspan="3">工作态度</td><td>着装规范，符合职业要求</td><td>☐ 合格　☐ 不合格</td><td>☐ 合格　☐ 不合格</td></tr>
<tr><td>正确查阅维修资料和学习材料</td><td>☐ 合格　☐ 不合格</td><td>☐ 合格　☐ 不合格</td></tr>
<tr><td>分工明确，配合默契</td><td>☐ 合格　☐ 不合格</td><td>☐ 合格　☐ 不合格</td></tr>
<tr><td>个人反思</td><td></td><td colspan="2">完成任务的安全、质量、时间和7S要求，是否达到最佳程度，请提出个人改进建议</td></tr>
<tr><td>教师评价</td><td>教师签字
　　　年　月　日</td><td colspan="2">成绩
☐ 合格　☐ 不合格</td></tr>
</table>

汽车防爆太阳膜粘贴

任务名称		汽车防爆太阳膜粘贴	
班　　级		姓　　名	
地　　点		日　　期	
第____小组成员			

一、收集信息

[引导问题]

1. 汽车粘贴防爆膜的目的

2. 汽车防爆膜粘贴常用的设备工具

3. 汽车防爆膜的粘贴步骤

[查阅资料]

1. 汽车防爆膜的结构和特点

2. 汽车防爆膜的隔热工作原理

3. 汽车防爆膜粘贴的注意事项

23

二、计划组织

小组组别	
设备工具	汽车、_____
组织安排	分成 4 组、一组 5 人
准备工作	检查安全环保措施、熟悉布置工作场景

三、任务实施

作业内容	质量要求	完成情况
清洁防护		□完成　□未完成
放样裁剪		□完成　□未完成
烘烤定型		□完成　□未完成
裁边		□完成　□未完成
赶水		□完成　□未完成
收边		□完成　□未完成

四、评价反思

在教师的指导下,反思自己的工作方式和工作质量。

	评 价 表		
项　目	评价指标	自　评	互　评
专业技能	汽车防爆膜的粘贴	□合格　□不合格	□合格　□不合格
专业技能	按照质量要求完成作业内容	□合格　□不合格	□合格　□不合格
专业技能	完整填写工作页	□合格　□不合格	□合格　□不合格
工作态度	着装规范,符合职业要求	□合格　□不合格	□合格　□不合格
工作态度	正确查阅维修资料和学习材料	□合格　□不合格	□合格　□不合格
工作态度	分工明确,配合默契	□合格　□不合格	□合格　□不合格
个人反思		完成任务的安全、质量、时间和 7S 要求,是否达到最佳程度,请提出个人改进建议	
教师评价	教师签字　　年 月 日	成绩　□合格　□不合格	

汽车天窗加装

任务名称		汽车天窗加装	
班　级		姓　名	
地　点		日　期	
第___小组成员			

一、收集信息

[引导问题]

1. 汽车加装天窗的目的

2. 汽车加装天窗常用的设备工具

3. 汽车天窗加装步骤

[查阅资料]

1. 汽车天窗的结构和特点

2. 汽车天窗保养方法

3. 汽车天窗加装注意事项

二、计划组织

小组组别	
设备工具	汽车、_____
组织安排	分成4组、一组5人
准备工作	检查安全环保措施、熟悉布置工作场景

三、任务实施

作业内容	质量要求	完成情况
清洁防护		□完成　□未完成
定位度量		□完成　□未完成
切割		□完成　□未完成
整修防腐		□完成　□未完成
安装天窗		□完成　□未完成
调试		□完成　□未完成
淋水测试		□完成　□未完成

四、评价反思

在教师的指导下，反思自己的工作方式和工作质量。

评价表				
项目	评价指标	自　评	互　评	
专业技能	汽车天窗的加装	□合格　□不合格	□合格　□不合格	
专业技能	按照质量要求完成作业内容	□合格　□不合格	□合格　□不合格	
专业技能	完整填写工作页	□合格　□不合格	□合格　□不合格	
工作态度	着装规范，符合职业要求	□合格　□不合格	□合格　□不合格	
工作态度	正确查阅维修资料和学习材料	□合格　□不合格	□合格　□不合格	
工作态度	分工明确，配合默契	□合格　□不合格	□合格　□不合格	
个人反思		完成任务的安全、质量、时间和7S要求，是否达到最佳程度，请提出个人改进建议		
教师评价	教师签字　　　　年　月　日	成绩　　□合格　□不合格		

汽车导流板和扰流板加装

任务名称		汽车导流板和扰流板加装	
班　级		姓　名	
地　点		日　期	
第___小组成员			

一、收集信息

[引导问题]

1. 汽车导流板的定义

2. 汽车扰流板的定义

[查阅资料]

1. 汽车导流板的作用

2. 汽车扰流板的作用

3. 汽车扰流板加装注意事项

27

二、计划组织

小组组别	
设备工具	汽车、_____
组织安排	分成 4 组、一组 5 人
准备工作	检查安全环保措施、熟悉布置工作场景

三、任务实施

作业内容	质量要求	完成情况
清洁防护		□ 完成　□ 未完成
安装前准备		□ 完成　□ 未完成
试安装		□ 完成　□ 未完成
拆装原车件		□ 完成　□ 未完成
加装新件		□ 完成　□ 未完成
安装质量检查		

四、评价反思

在教师的指导下,反思自己的工作方式和工作质量。

<table>
<tr><th colspan="5">评 价 表</th></tr>
<tr><th colspan="2">项　目</th><th>评价指标</th><th>自　评</th><th>互　评</th></tr>
<tr><td rowspan="3">专业技能</td><td></td><td>汽车导流板和扰流板的加装</td><td>□ 合格　□ 不合格</td><td>□ 合格　□ 不合格</td></tr>
<tr><td></td><td>按照质量要求完成作业内容</td><td>□ 合格　□ 不合格</td><td>□ 合格　□ 不合格</td></tr>
<tr><td></td><td>完整填写工作页</td><td>□ 合格　□ 不合格</td><td>□ 合格　□ 不合格</td></tr>
<tr><td rowspan="3">工作态度</td><td></td><td>着装规范,符合职业要求</td><td>□ 合格　□ 不合格</td><td>□ 合格　□ 不合格</td></tr>
<tr><td></td><td>正确查阅维修资料和学习材料</td><td>□ 合格　□ 不合格</td><td>□ 合格　□ 不合格</td></tr>
<tr><td></td><td>分工明确,配合默契</td><td>□ 合格　□ 不合格</td><td>□ 合格　□ 不合格</td></tr>
<tr><td colspan="2">个人反思</td><td colspan="3">完成任务的安全、质量、时间和 7S 要求,是否达到最佳程度,请提出个人改进建议</td></tr>
<tr><td colspan="2">教师评价</td><td>教师签字
　　年　月　日</td><td colspan="2">成绩
□ 合格　□ 不合格</td></tr>
</table>

汽车 HID 氙气灯改装

任务名称		汽车 HID 氙气灯改装	
班　级		姓　名	
地　点		日　期	
第＿＿小组成员			

一、收集信息

[引导问题]

1. 汽车灯光的种类

2. 汽车灯光的作用

3. 汽车灯光改装的目的

[查阅资料]

1. 汽车灯光改装所用到的工具

2. 汽车灯光改装步骤

3. 汽车灯光改装注意事项

二、计划组织

小组组别	
设备工具	汽车、_____
组织安排	一组 5 人：
准备工作	检查安全环保措施、熟悉布置工作场景

三、任务实施

作业内容	质量要求	完成情况
清洁防护		□ 完成　□ 未完成
原车灯拆卸		□ 完成　□ 未完成
新车灯安装		□ 完成　□ 未完成
安装检查		□ 完成　□ 未完成
灯光调试		□ 完成　□ 未完成

四、评价反思

在教师的指导下，反思自己的工作方式和工作质量。

项目	评价指标	自　评	互　评
专业技能	汽车 HID 氙气灯的加装	□ 合格　□ 不合格	□ 合格　□ 不合格
	按照质量要求完成作业内容	□ 合格　□ 不合格	□ 合格　□ 不合格
	完整填写工作页	□ 合格　□ 不合格	□ 合格　□ 不合格
工作态度	着装规范，符合职业要求	□ 合格　□ 不合格	□ 合格　□ 不合格
	正确查阅维修资料和学习材料	□ 合格　□ 不合格	□ 合格　□ 不合格
	分工明确，配合默契	□ 合格　□ 不合格	□ 合格　□ 不合格
个人反思		完成任务的安全、质量、时间和 7S 要求，是否达到最佳程度，请提出个人改进建议	
教师评价	教师签字　　　　　年　月　日	成绩 □ 合格　□ 不合格	

评 价 表

汽车车轮改装

任务名称		汽车车轮改装	
班　级		姓　名	
地　点		日　期	
第___小组成员			

一、收集信息

[引导问题]

1. 汽车车轮改装的目的

2. 汽车车轮改装常用的设备工具

3. 汽车车轮改装的步骤

[查阅资料]

1. 汽车车轮的结构和特点

2. 汽车车轮改装的注意事项

二、计划组织

小组组别	
设备工具	汽车、_____ _____
组织安排	一组 5 人：
准备工作	检查安全环保措施、熟悉布置工作场景

三、任务实施

作业内容	质量要求	完成情况
清洁防护		□完成 □未完成
旧车辆拆卸		□完成 □未完成
新车轮的检查		□完成 □未完成
轮胎动平衡		□完成 □未完成
新车轮的安装		□完成 □未完成

四、评价反思

在教师的指导下，反思自己的工作方式和工作质量。

评 价 表			
项 目	评价指标	自 评	互 评
专业技能	汽车车轮改装	□合格 □不合格	□合格 □不合格
	按照质量要求完成作业内容	□合格 □不合格	□合格 □不合格
	完整填写工作页	□合格 □不合格	□合格 □不合格
工作态度	着装规范，符合职业要求	□合格 □不合格	□合格 □不合格
	正确查阅维修资料和学习材料	□合格 □不合格	□合格 □不合格
	分工明确，配合默契	□合格 □不合格	□合格 □不合格
个人反思		完成任务的安全、质量、时间和 7S 要求，是否达到最佳程度，请提出个人改进建议	
教师评价	教师签字 　　　年　月　日	成绩 □合格 □不合格	

汽车底盘护甲

任务名称		汽车底盘护甲	
班　　级		姓　　名	
地　　点		日　　期	
第＿＿小组成员			

一、收集信息

[引导问题]

1. 汽车底盘装甲的目的

2. 汽车底盘封胶的目的

3. 汽车底盘装甲的施工步骤

[查阅资料]

1. 汽车底盘装甲工具

2. 汽车底盘装甲和底盘封胶的区别

3. 汽车底盘装甲注意事项

二、计划组织

小组组别	
设备工具	汽车、_____ _____
组织安排	一组 5 人：
准备工作	检查安全环保措施、熟悉布置工作场景

三、任务实施

作业内容	质量要求	完成情况
清洁防护		□ 完成　□ 未完成
底盘风干		□ 完成　□ 未完成
喷涂施工		□ 完成　□ 未完成
修补喷涂		□ 完成　□ 未完成
检查清除遮蔽		□ 完成　□ 未完成
现场 7S		□ 完成　□ 未完成

四、评价反思

在教师的指导下，反思自己的工作方式和工作质量。

<table>
<tr><td colspan="4" align="center">评 价 表</td></tr>
<tr><td>项　目</td><td>评价指标</td><td>自　评</td><td>互　评</td></tr>
<tr><td rowspan="3">专业技能</td><td>汽车底盘护甲</td><td>□ 合格　□ 不合格</td><td>□ 合格　□ 不合格</td></tr>
<tr><td>按照质量要求完成作业内容</td><td>□ 合格　□ 不合格</td><td>□ 合格　□ 不合格</td></tr>
<tr><td>完整填写工作页</td><td>□ 合格　□ 不合格</td><td>□ 合格　□ 不合格</td></tr>
<tr><td rowspan="3">工作态度</td><td>着装规范，符合职业要求</td><td>□ 合格　□ 不合格</td><td>□ 合格　□ 不合格</td></tr>
<tr><td>正确查阅维修资料和学习材料</td><td>□ 合格　□ 不合格</td><td>□ 合格　□ 不合格</td></tr>
<tr><td>分工明确，配合默契</td><td>□ 合格　□ 不合格</td><td>□ 合格　□ 不合格</td></tr>
<tr><td>个人反思</td><td></td><td colspan="2">完成任务的安全、质量、时间和 7S 要求，是否达到最佳程度，请提出个人改进建议</td></tr>
<tr><td rowspan="2">教师评价</td><td rowspan="2">教师签字

　　年　月　日</td><td colspan="2" align="center">成绩</td></tr>
<tr><td colspan="2" align="center">□ 合格　□ 不合格</td></tr>
</table>

车身改色膜粘贴

任务名称		车身改色膜粘贴	
班　　级		姓　　名	
地　　点		日　　期	
第＿＿小组成员			

一、收集信息

[引导问题]

1. 汽车粘贴改色膜的目的

2. 汽车车身改色膜粘贴常用的设备工具

[查阅资料]

1. 汽车改色膜的粘贴步骤

2. 车身改色膜粘贴注意事项

二、计划组织

小组组别	
设备工具	汽车、_____
组织安排	一组5人：
准备工作	检查安全环保措施、熟悉布置工作场景

三、任务实施

作业内容	质量要求	完成情况
清洁防护		□完成 □未完成
测量尺寸		□完成 □未完成
刮膜		□完成 □未完成
收边		□完成 □未完成
质量检查		□完成 □未完成

四、评价反思

在教师的指导下，反思自己的工作方式和工作质量。

\	评 价 表		
项　目	评价指标	自　评	互　评
专业技能	车身改色膜的粘贴	□合格 □不合格	□合格 □不合格
	按照质量要求完成作业内容	□合格 □不合格	□合格 □不合格
	完整填写工作页	□合格 □不合格	□合格 □不合格
工作态度	着装规范，符合职业要求	□合格 □不合格	□合格 □不合格
	正确查阅维修资料和学习材料	□合格 □不合格	□合格 □不合格
	分工明确，配合默契	□合格 □不合格	□合格 □不合格
个人反思		完成任务的安全、质量、时间和7S要求，是否达到最佳程度，请提出个人改进建议	
教师评价	教师签字　　　　年　月　日	成绩　　□合格　□不合格	

车身彩绘

任务名称		车身彩绘		
班　级		姓　名		
地　点		日　期		
第___小组成员				

一、收集信息

[引导问题]

1. 车身彩绘的目的

2. 车身彩绘常用的设备工具

[查阅资料]

1. 车身彩绘的步骤

2. 车身彩绘的注意事项

二、计划组织

小组组别	
设备工具	汽车、_____
组织安排	一组 5 人：
准备工作	检查安全环保措施、熟悉布置工作场景

三、任务实施

作业内容	质量要求	完成情况
去除清漆		□完成 □未完成
遮蔽		□完成 □未完成
清洁		□完成 □未完成
喷绘色漆		□完成 □未完成
喷绘清漆		□完成 □未完成
质量检查		□完成 □未完成

四、评价反思

在教师的指导下，反思自己的工作方式和工作质量。

评价表			
项目	评价指标	自评	互评
专业技能	车身彩绘	□合格 □不合格	□合格 □不合格
	按照质量要求完成作业内容	□合格 □不合格	□合格 □不合格
	完整填写工作页	□合格 □不合格	□合格 □不合格
工作态度	着装规范，符合职业要求	□合格 □不合格	□合格 □不合格
	正确查阅维修资料和学习材料	□合格 □不合格	□合格 □不合格
	分工明确，配合默契	□合格 □不合格	□合格 □不合格
个人反思		完成任务的安全、质量、时间和 7S 要求，是否达到最佳程度，请提出个人改进建议	
教师评价	教师签字　　　年　月　日	成绩　　　□合格 □不合格	

汽车儿童座椅安装

任务名称		汽车儿童座椅安装	
班　级		姓　名	
地　点		日　期	
第___小组成员			

一、收集信息

[引导问题]

1. 汽车儿童座椅的优点

2. 汽车儿童座椅安装步骤

[查阅资料]

1. 如何选择汽车儿童座椅

2. 汽车儿童座椅安装注意事项

二、计划组织

小组组别	
设备工具	汽车、_____
组织安排	一组5人：
准备工作	检查安全环保措施、熟悉布置工作场景

三、任务实施

作业内容	质量要求	完成情况
清洁防护		□完成 □未完成
座椅初步固定		□完成 □未完成
座椅完全固定		□完成 □未完成
检查安装质量		□完成 □未完成

四、评价反思

在教师的指导下，反思自己的工作方式和工作质量。

评价表			
项目	评价指标	自评	互评
专业技能	汽车儿童座椅安装	□合格 □不合格	□合格 □不合格
	按照质量要求完成作业内容	□合格 □不合格	□合格 □不合格
	完整填写工作页	□合格 □不合格	□合格 □不合格
工作态度	着装规范，符合职业要求	□合格 □不合格	□合格 □不合格
	正确查阅维修资料和学习材料	□合格 □不合格	□合格 □不合格
	分工明确，配合默契	□合格 □不合格	□合格 □不合格
个人反思		完成任务的安全、质量、时间和7S要求，是否达到最佳程度，请提出个人改进建议	
教师评价	教师签字 年 月 日	成绩 □合格 □不合格	

汽车音响改装

任务名称	汽车音响改装		
班　级		姓　名	
地　点		日　期	
第＿＿小组成员			

一、收集信息

[引导问题]

1. 汽车音响改装的优点

2. 汽车音响改装常用的设备工具

[查阅资料]

1. 汽车音响改装步骤

2. 汽车音响改装注意事项

二、计划组织

小组组别	
设备工具	汽车、
组织安排	一组5人：
准备工作	检查安全环保措施、熟悉布置工作场景

三、任务实施

作业内容	质量要求	完成情况
清洁防护		□ 完成　□ 未完成
原厂主机拆卸		□ 完成　□ 未完成
新主机安装		□ 完成　□ 未完成
原厂扬声器拆卸		□ 完成　□ 未完成
新扬声器安装		□ 完成　□ 未完成
完工质量检查		□ 完成　□ 未完成

四、评价反思

在教师的指导下，反思自己的工作方式和工作质量。

<table>
<tr><th colspan="5">评价表</th></tr>
<tr><th>项目</th><th>评价指标</th><th colspan="1">自评</th><th colspan="1">互评</th></tr>
<tr><td rowspan="3">专业技能</td><td>汽车音响改装</td><td>□ 合格　□ 不合格</td><td>□ 合格　□ 不合格</td></tr>
<tr><td>按照质量要求完成作业内容</td><td>□ 合格　□ 不合格</td><td>□ 合格　□ 不合格</td></tr>
<tr><td>完整填写工作页</td><td>□ 合格　□ 不合格</td><td>□ 合格　□ 不合格</td></tr>
<tr><td rowspan="3">工作态度</td><td>着装规范，符合职业要求</td><td>□ 合格　□ 不合格</td><td>□ 合格　□ 不合格</td></tr>
<tr><td>正确查阅维修资料和学习材料</td><td>□ 合格　□ 不合格</td><td>□ 合格　□ 不合格</td></tr>
<tr><td>分工明确，配合默契</td><td>□ 合格　□ 不合格</td><td>□ 合格　□ 不合格</td></tr>
<tr><td>个人反思</td><td></td><td colspan="2">完成任务的安全、质量、时间和7S要求，是否达到最佳程度，请提出个人改进建议</td></tr>
<tr><td rowspan="2">教师评价</td><td rowspan="2">教师签字
　　　年　月　日</td><td colspan="2">成绩</td></tr>
<tr><td colspan="2">□ 合格　□ 不合格</td></tr>
</table>

汽车行李舱消毒

任务名称		汽车行李舱消毒	
班　级		姓　名	
地　点		日　期	
第＿＿小组成员			

一、收集信息

[引导问题]

1. 汽车行李舱消毒的目的

2. 汽车行李舱消毒使用的设备工具

[查阅资料]

1. 汽车行李舱消毒的步骤

2. 汽车行李舱消毒注意事项

二、计划组织

小组组别	
设备工具	汽车、_____
组织安排	一组 5 人：
准备工作	检查安全环保措施、熟悉布置工作场景

三、任务实施

作业内容	质量要求	完成情况
清洁防护		□ 完成　□ 未完成
高温消毒		□ 完成　□ 未完成
空气清新		□ 完成　□ 未完成
质量检查		□ 完成　□ 未完成

四、评价反思

在教师的指导下，反思自己的工作方式和工作质量。

<table>
<tr><th colspan="5">评 价 表</th></tr>
<tr><th>项　目</th><th>评价指标</th><th colspan="2">自　评</th><th>互　评</th></tr>
<tr><td rowspan="3">专业技能</td><td>汽车行李舱消毒</td><td colspan="2">□ 合格　□ 不合格</td><td>□ 合格　□ 不合格</td></tr>
<tr><td>按照质量要求完成作业内容</td><td colspan="2">□ 合格　□ 不合格</td><td>□ 合格　□ 不合格</td></tr>
<tr><td>完整填写工作页</td><td colspan="2">□ 合格　□ 不合格</td><td>□ 合格　□ 不合格</td></tr>
<tr><td rowspan="3">工作态度</td><td>着装规范，符合职业要求</td><td colspan="2">□ 合格　□ 不合格</td><td>□ 合格　□ 不合格</td></tr>
<tr><td>正确查阅维修资料和学习材料</td><td colspan="2">□ 合格　□ 不合格</td><td>□ 合格　□ 不合格</td></tr>
<tr><td>分工明确，配合默契</td><td colspan="2">□ 合格　□ 不合格</td><td>□ 合格　□ 不合格</td></tr>
<tr><td>个人反思</td><td colspan="4">完成任务的安全、质量、时间和 7S 要求，是否达到最佳程度，请提出个人改进建议</td></tr>
<tr><td rowspan="2">教师评价</td><td rowspan="2">教师签字
　　　年　月　日</td><td colspan="3">成绩</td></tr>
<tr><td colspan="3">□ 合格　□ 不合格</td></tr>
</table>

发动机舱盖隔音棉粘贴

任务名称		发动机舱盖隔音棉粘贴		
班　级		姓　名		
地　点		日　期		
第＿＿小组成员				

一、收集信息

[引导问题]

1. 发动机舱盖粘贴隔音棉的目的

2. 发动机舱盖粘贴隔音棉常用的设备工具

[查阅资料]

1. 发动机舱盖隔音棉粘贴步骤

2. 发动机舱盖隔音棉粘贴注意事项

二、计划组织

小组组别	
设备工具	汽车、_____
组织安排	一组 5 人：
准备工作	检查安全环保措施、熟悉布置工作场景

三、任务实施

作业内容	质量要求	完成情况
拆卸原厂隔音板		□完成　□未完成
清洁防护		□完成　□未完成
放样裁剪		□完成　□未完成
安装新隔音棉		□完成　□未完成
完工质量检查		□完成　□未完成

四、评价反思

在教师的指导下，反思自己的工作方式和工作质量。

评　价　表				
项　目	评价指标	自　评		互　评
专业技能	发动机舱盖隔音棉粘贴	□合格　□不合格		□合格　□不合格
	按照质量要求完成作业内容	□合格　□不合格		□合格　□不合格
	完整填写工作页	□合格　□不合格		□合格　□不合格
工作态度	着装规范，符合职业要求	□合格　□不合格		□合格　□不合格
	正确查阅维修资料和学习材料	□合格　□不合格		□合格　□不合格
	分工明确，配合默契	□合格　□不合格		□合格　□不合格
个人反思		完成任务的安全、质量、时间和7S要求，是否达到最佳程度，请提出个人改进建议		
教师评价	教师签字　　　　　　　　年　月　日	成绩		
		□合格　□不合格		

汽车防盗器安装

任务名称		汽车防盗器安装	
班　　级		姓　　名	
地　　点		日　　期	
第＿＿小组成员			

一、收集信息

[引导问题]

1. 汽车防盗器安装的必要性

2. 安装汽车防盗器常用的设备工具

[查阅资料]

1. 汽车防盗器安装步骤

2. 汽车防盗器分类

3. 汽车防盗器安装注意事项

二、计划组织

小组组别	
设备工具	汽车、_____
组织安排	一组 5 人：
准备工作	检查安全环保措施、熟悉布置工作场景

三、任务实施

作业内容	质量要求	完成情况
检查中控锁		□完成 □未完成
确定防盗器安装位置		□完成 □未完成
连接电路		□完成 □未完成
查找车内电路		□完成 □未完成
安装系统主机		□完成 □未完成
测试		□完成 □未完成

四、评价反思

在教师的指导下，反思自己的工作方式和工作质量。

<table>
<tr><td colspan="4" align="center">评 价 表</td></tr>
<tr><td>项　目</td><td>评价指标</td><td>自　评</td><td>互　评</td></tr>
<tr><td rowspan="3">专业技能</td><td>汽车防盗器安装</td><td>□合格　□不合格</td><td>□合格　□不合格</td></tr>
<tr><td>按照质量要求完成作业内容</td><td>□合格　□不合格</td><td>□合格　□不合格</td></tr>
<tr><td>完整填写工作页</td><td>□合格　□不合格</td><td>□合格　□不合格</td></tr>
<tr><td rowspan="3">工作态度</td><td>着装规范，符合职业要求</td><td>□合格　□不合格</td><td>□合格　□不合格</td></tr>
<tr><td>正确查阅维修资料和学习材料</td><td>□合格　□不合格</td><td>□合格　□不合格</td></tr>
<tr><td>分工明确，配合默契</td><td>□合格　□不合格</td><td>□合格　□不合格</td></tr>
<tr><td>个人反思</td><td colspan="3">完成任务的安全、质量、时间和 7S 要求，是否达到最佳程度，请提出个人改进建议</td></tr>
<tr><td>教师评价</td><td>教师签字
　　　年　月　日</td><td colspan="2">成绩
□合格　□不合格</td></tr>
</table>

汽车倒车雷达安装

任务名称		汽车倒车雷达安装	
班　级		姓　名	
地　点		日　期	
第＿＿小组成员			

一、收集信息

[引导问题]

1. 汽车倒车雷达的作用

2. 安装汽车倒车雷达常用的设备工具

3. 汽车倒车雷达安装步骤

[查阅资料]

1. 汽车倒车雷达的组成

2. 汽车倒车雷达的工作原理

3. 汽车倒车雷达安装注意事项

二、计划组织

小组组别	
设备工具	汽车、_____
组织安排	一组 5 人：
准备工作	检查安全环保措施、熟悉布置工作场景

三、任务实施

作业内容	质量要求	完成情况
清洁防护		□ 完成　□ 未完成
选点		□ 完成　□ 未完成
钻孔		□ 完成　□ 未完成
安装传感器		□ 完成　□ 未完成
接线		□ 完成　□ 未完成
完成测试		□ 完成　□ 未完成

四、评价反思

在教师的指导下，反思自己的工作方式和工作质量。

评　价　表			
项　目	评价指标	自　评	互　评
专业技能	汽车倒车雷达的安装	□ 合格　□ 不合格	□ 合格　□ 不合格
专业技能	按照质量要求完成作业内容	□ 合格　□ 不合格	□ 合格　□ 不合格
专业技能	完整填写工作页	□ 合格　□ 不合格	□ 合格　□ 不合格
工作态度	着装规范，符合职业要求	□ 合格　□ 不合格	□ 合格　□ 不合格
工作态度	正确查阅维修资料和学习材料	□ 合格　□ 不合格	□ 合格　□ 不合格
工作态度	分工明确，配合默契	□ 合格　□ 不合格	□ 合格　□ 不合格
个人反思		完成任务的安全、质量、时间和 7S 要求，是否达到最佳程度，请提出个人改进建议	
教师评价	教师签字　　　　年　月　日	成绩 □ 合格　□ 不合格	

汽车行车记录仪安装

任务名称		汽车行车记录仪安装	
班　　级		姓　　名	
地　　点		日　　期	
第___小组成员			

一、收集信息

[引导问题]

1. 汽车行车记录仪的作用

2. 安装汽车行车记录仪常用的设备工具

3. 汽车行车记录仪安装步骤

[查阅资料]

1. 汽车行车记录仪的组成

2. 汽车行车记录仪的工作原理

3. 汽车行车记录仪安装注意事项

51

二、计划组织

小组组别	
设备工具	汽车、_____ _____
组织安排	一组5人：
准备工作	检查安全环保措施、熟悉布置工作场景

三、任务实施

作业内容	质量要求	完成情况
清洁防护		□完成 □未完成
安装主机		□完成 □未完成
连接电源		□完成 □未完成
安装后摄像头		□完成 □未完成
完成测试		□完成 □未完成

四、评价反思

在教师的指导下,反思自己的工作方式和工作质量。

评 价 表				
项 目	评价指标	自 评		互 评	
专业技能	汽车行车记录仪的安装	□合格	□不合格	□合格	□不合格
	按照质量要求完成作业内容	□合格	□不合格	□合格	□不合格
	完整填写工作页	□合格	□不合格	□合格	□不合格
工作态度	着装规范,符合职业要求	□合格	□不合格	□合格	□不合格
	正确查阅维修资料和学习材料	□合格	□不合格	□合格	□不合格
	分工明确,配合默契	□合格	□不合格	□合格	□不合格
个人反思		完成任务的安全、质量、时间和7S要求,是否达到最佳程度,请提出个人改进建议			
教师评价	教师签字 年 月 日	成绩			
		□合格 □不合格			